Barbara Knab

Warum wir immer das Falsche vergessen

Barbara Knab

Warum wir immer das Falsche vergessen

Gebrauchsanweisung für das Gedächtnis

HERDER

FREIBURG · BASEL · WIEN

Gedruckt auf umweltfreundlichem,
chlorfrei gebleichtem Papier

Originalausgabe

2. Auflage

Alle Rechte vorbehalten — Printed in Germany
© Verlag Herader Freiburg im Breisgau 2006
www.herder.de
Satz: Rudolf Kempf, Emmendingen
Herstellung: fgb freiburger graphische betriebe 2006
www.fgb.de
ISBN-13: 978-3-451-28868-5
ISBN-10: 3-451-28868-0

Inhalt

Vorwort

Gabe der Götter nannten unsere Vorfahren das Gedächtnis. Was sie so titulierten, pflegten sie einerseits zu bewundern; andererseits zeichneten sich *Göttergaben* für gewöhnlich dadurch aus, dass sie nicht ganz fair verteilt waren und sich gelegentlich kapriziös oder gar flüchtig verhielten.

Das war und ist auch beim Gedächtnis so. Seine Flüchtigkeit hat einen Namen: *Vergessen*. Dem ein Schnippchen zu schlagen, haben Menschen immer schon versucht. Sie fanden eine ganze Reihe Wege. Allerdings kann beim Lernen kein technisches Hilfsmittel die Rolle einnehmen, die das Auto bei der Fortbewegung innehat. Wer jedoch weiß, wie das Gedächtnis arbeitet und dieses Wissen klug nutzt, hat so etwas wie ein solides Fahrrad – mehr Effekt bei weniger Anstrengung. Auf der anderen Seite würden wir zumindest das Unangenehme am liebsten sofort vergessen. Dafür bräuchten wir eher Wege, das Gedächtnis zu bremsen, doch das ist eindeutig schwieriger.

Das Gedächtnis arbeitet nicht wie die Speicherfunktion eines Computers. Es ist eher so etwas wie eine Aktivierung bestimmter Netze im Gehirn, die von vielerlei Außenbedingungen abhängen. Insofern kann eine seriöse *Gebrauchsanweisung für das Gedächtnis* nicht einfach sagen: Drücken Sie auf diese oder jene Taste. Dieses Buch setzt deshalb auf Wissen; schließlich ist das, was die Wissenschaft zum Gedächtnis herausgebracht hat, nicht nur spannend, sondern oft direkt anzuwenden. Es beginnt damit, wie Gedächtnis organisiert ist und wie man es misst, und es endet nicht bei den beteiligten Hirnarealen. Es reicht von besonderen Gegebenheiten verschiedener Lebensalter bis zu Gedächtnisstörungen, die bei Schädigungen des Gehirns auftreten. Und es erzählt, wie die Gefühle dabei mitmischen, wie wir Sprache lernen und welche Rolle das Hören und die Musik spielen.

Die Kapitel bauen aufeinander auf, sind aber trotzdem eigenständig lesbar. Wer weiter hinten über einen scheinbar neuen gedächtnispsychologischen Fachbegriff stolpert, findet ihn im Register. Er war dann an früherer Stelle schon einmal aufgetaucht und ist dort auch erklärt. – Das Wort *man* bezeichnet in diesem Buch immer Wissenschaftler allgemein. Die meisten namentlich genannten Forscher sind oder waren Professoren; da sich das von selbst versteht und sich reine Namen leichter lesen – und behalten – lassen, habe ich es nicht dazugeschrieben.

Mich persönlich hat das Thema Gedächtnis schon immer begeistert; zusammen mit der Frage nach dem Denken überhaupt war es seinerzeit ein wesentlicher Grund für mich, zusätzlich zur Mathematik noch Psychologie zu studieren. Meine ursprüngliche Frage, wie Kinder und Jugendliche besser Mathematik lernen können, verallgemeinerte sich im Laufe der Zeit sehr stark. Fragen zum Gedächtnis und seiner Messung begleiteten mich trotzdem durchgehend: in der wissenschaftlichen Schlafforschung und der psychologischen Testdiagnostik genauso wie bei der Arbeit mit neurologischen, psychiatrischen und Psychotherapiepatienten oder Coaching-Klienten.

Ich danke Judith Mark und Dr. Rudolf Walter vom Herder Verlag, die dieses Projekt in der gewohnt professionellen Weise begleitet haben. Für wichtige Hinweise zu Neurowissenschaft und Gedächtnispsychologie danke ich Dr. Kathrin Finke von der Universität München. Christoph Hahn hat das gesamte Manuskript gegengelesen und wieder wunderbare Anregungen gegeben. Mein besonderer Dank gilt diesmal der Bayerischen Staatsbibliothek München; ihre Buchauswahl ist umfassend und ihr Service in Sachen Literaturrecherchen und wissenschaftliche Zeitschriften dürfte nahezu konkurrenzlos sein. Ohne sie hätte ich dieses Buch nicht schreiben können.

Barbara Knab

1. Erinnern und Vergessen

Wie das Gedächtnis psychologisch wurde

„Ach, das Gedächtnis! Meines war auch schon mal besser." Irgendjemand stellt das immer fest, sobald die Rede aufs Gedächtnis kommt. Viele Menschen wünschen sich ein besseres, zumal, wenn sie älter werden. Schließlich kann es ziemlich peinlich sein, Namen, Gesichter, Vokabeln oder Formeln schnell zu vergessen.

Das Gedächtnis verbessern – das war bereits im klassischen Athen ein Thema, im Alten Rom und in den Reichen Indiens und Chinas. Bei den Griechen wachte eine eigene Göttin darüber, Mnemosyne, die außerdem noch Mutter der neun Musen war. Die *mneme*, das Gedächtnis, war den Griechen Voraussetzung für jede geistige Tätigkeit, so selbstverständlich wie jedes Kind eine Mutter hat. Philosophen und berühmte Gerichtsredner debattierten über das Gedächtnis. Die meisten verglichen es mit einer Wachstafel, dem damaligen Notizbuch, in die sich die Gedächtnisinhalte wie Griffelspuren eingraben. Sie lehrten in den Rhetorikschulen nicht nur, wie man Reden publikumswirksam aufbaut, sondern auch ohne Notizen im Kopf behält. Das mit der Wachstafel sieht man heute anders, die Idee der Spuren und die *Mnemotechniken* aber gibt es noch heute.

Hermann Ebbinghaus begründet die Gedächtnispsychologie

In den 70er-Jahren des 19. Jahrhunderts näherte sich ein junger Philosoph in Leipzig der Sache von einer neuen Seite. Hermann Ebbinghaus (1850–1909) rückte dem Gedächtnis empirisch zu Leibe, und damit war er weltweit der erste. Strikt und eng begrenzt fragte er: „Wie lange braucht ein Mensch, um sich Informationen einzuprägen, für die es keine Eselsbrücken gibt? Und: wie lange bleiben sie dann im Gedächtnis?" Um das herauszufinden, führte er eine Unmenge von Versuchen mit sich selbst durch. 1885 veröffentlichte er die endgültigen Ergebnisse unter dem Titel: *Über das Gedächtniß*. Dieses Buch gilt weltweit als eine Art Geburtsurkunde der Gedächtnispsychologie. Im deutschen Original wie in der englischen Übersetzung wird es bis heute aufgelegt.

In schier endlosen Testreihen prägte sich Ebbinghaus Pseudowörter ein. Alles andere, sagte er, sei nämlich „zu leicht" zu lernen. Er nannte diese „Wörter" *sinnlose Silben* und hatte sie alle nach dem gleichen Schema gebildet wie *dar*, *mik* oder *zul*. 2300 von ihnen hatte er zusammengestellt und alle ausgeschlossen, die auf Deutsch etwas bedeuten, etwa *der* oder *bug*. Von den übrigen benutzte er diejenigen, die sich aussprechen ließen. Tag für Tag las er dreimal täglich einige Reihen von 13 Silben laut zum Takt eines Metronoms, bis er sie zweimal fehlerfrei auswendig aufsagen konnte. Akribisch notierte er, wie lange das dauerte. Nach einer festgelegten Anzahl Stunden, Tagen oder Wochen wiederholte er jede Reihe.

Schon 1880 hielt er fest: Er vergaß seine Reihen ziemlich schnell, und keine fiel ihm je von selbst vollständig wieder ein. Völlig verpufft waren sie trotzdem nicht; wiederholte er sie nämlich, behielt er sie schneller. Nach einer Stunde zwischen Lernen und Wiederholen musste er eine Reihe nur noch halb so häufig laut lesen, bis er sie wieder beherrschte, nach 24 Stunden nur zwei Drittel so oft. Nach einem Monat hatte er zwar keine bewusste Ahnung mehr von der Reihe, trotzdem genügten ihm vier Fünftel der Durchgänge. Demnach vergessen wir anfangs sehr schnell und dann immer langsamer; zwanzig Prozent bleiben längerfristig erhalten, wenn auch nicht bewusst. Daraus leitete Ebbinghaus ein Lernprinzip ab, das er *Ersparnismethode* nannte. Sie besagt: Lerne die Dinge, bis du sie gerade eben kannst. Lasse sie einen Tag liegen und wiederhole sie dann. Das ist eine wichtige Basis fürs Auswendiglernen. In den folgenden Kapiteln werden Sie sehen, dass es nicht die einzige Basis ist; schließlich lernen wir – anders als Ebbinghaus – normalerweise Inhalte, die einen Sinn haben.

Das Buch *Über das Gedächtniß* löste das Thema *Gedächtnis* endgültig aus der Philosophie. Ebbinghaus hatte mit seinen sinnlosen Silben Geschichte geschrieben. Sie hatten das menschliche Gedächtnis der empirischen Forschung zugänglich gemacht.

Das Gedächtnis arbeitet in drei Stufen

Seitdem konnte man Gedächtnis messen, und damit fand es eine neue Heimat in der gerade entstehenden wissenschaftlichen Psychologie. Dort erforscht man es bis heute auf vielen Wegen. Einige Wege beziehen Methoden der Hirnforschung mit ein; die untersucht, wie Gehirn bzw. Zentrales Nervensystem arbeiten. In diesem Buch finden Sie Näheres zu den *neurowisenschaftlichen* Aspekten der Gedächtnisforschung vor allem im vierten Kapitel und natürlich später. Die ersten drei Kapitel sind „klassisch" psychologisch.

Im Alltag betrachten wir Lernen und Gedächtnis weitgehend als Einheit; wissenschaftlich dagegen trennt man sie teilweise und streitet außerdem über mancherlei. In diesem Buch bleibe ich aber bei unserem Alltagsverständnis. Außerdem finden Sie vorwiegend Ergebnisse, die Sie selbst nutzen können und über die sich die Wissenschaftler einig sind. Völlig einer Meinung sind sie in der Frage, dass Gedächtnis kein Privileg des Menschen ist. Alle Tiere behalten Informationen und richten sich in ihrem Verhalten danach. Sie finden ihre Schlafstätte, Zugvögel ihr Winterquartier und Bienen süße Blüten vom Vortag. Wir Menschen merken uns, was es zum Frühstück gab, unsere Muttersprache, Ereignisse aus unserem eigenen Leben etwa ab dem Kindergarten, Name, Gesicht und Eigenheiten aller unserer Freunde und Bekannten und vieler öffentlicher Persönlichkeiten, wie man schwimmt oder Computer bedient, ziemlich viel von dem, was wir in der Schule gelernt haben – und auch sonst noch alles Mögliche. Eine ganze Menge vergessen wir auch; das ist oft ärgerlich, aber manchmal auch ganz gut.

In den 1920er-Jahren unterschieden die deutsch-österreichischen Gestaltpsychologen, unter Federführung des Berliner Professors Wolfgang Köhler, als erste drei Stufen des Gedächtnisses. Sie sind heute gedächtnispsychologisches Allgemeingut: Wir nehmen eine Information auf, speichern sie und holen sie wieder hervor. Die Stufen heißen *Aufnahme* oder *Enkodierung* (englisch *encoding*), *Speicherung* (englisch *storage*) und *Abruf* bzw. *Wiedergabe* (englisch *retrieval*). Die drei Stufen bauen aufeinander auf und müssen alle korrekt arbeiten, damit das Gedächtnis insgesamt funktioniert. Ein Fehler auf einer der drei Stufen genügt, um ein Gedächtnisproblem hervorzurufen. Deshalb muss man jede Stufe einzeln betrachten.

Empfindet jemand etwa *Hänschen klein* als fremd, dann kann es auf jeder Stufe des Gedächtnisses einen Grund dafür geben. Wer das Lied nie gehört hat, hat es nicht aufgenommen, auch nicht unbewusst. Damit sind auch die nächsten beiden Stufen nicht erreichbar. Aus diesem Grund konnte noch niemals ein Buch unter dem Kopfkissen einen Gedanken in einem Schülerkopf halten, der zuvor nicht dort angekommen war. Wer *Hänschen klein* einmal hörte, hat Lied und Text zwar aufgenommen, aber eventuell so unzureichend gespeichert, dass er es beim nächsten Mal nicht einmal wiedererkennt; die Stufen zwei und drei sind ausgefallen. Wer es in einem Marschmusik-Potpourri einer Blaskapelle hört, aber in dieser verfremdeten Form trotz einer normalen deutschen Kindheit nicht erkennt, bei dem ist Stufe drei gestört.

Enkodieren – Informationen aufnehmen

Ein Computer speichert Informationen bit für bit. Dafür benötigt er Daten im richtigen Format, in 0-1-Codierung; der Inhalt spielt keine Rolle. Beim menschlichen Gedächtnis ist es genau umgekehrt. Das speichert jeden Inhalt anders: Bilder und Wörter, Sätze und Geschichten, Musik und Stimmen, Gerüche und Schmerzen. Reines Speichern ohne Sinn, also ohne Inhalt und ohne Verknüpfung, kommt in der Natur nicht vor. Und die Basis all dessen? Ebbinghaus suchte sie in den sinnlosen Silben. So zwang er sein Gedächtnis, entgegen der natürlichen Arbeitsweise ähnlich wie ein Computer zu arbeiten und die Silben blind der Reihe nach zu speichern. Das dauert, und das Gedächtnis kann die Reihe nur dann längerfristig aktiv zur Verfügung stellen, wenn sie ständig benutzt wird.

1956 sichtete der Harvard-Psychologe George Miller die vorhandenen Gedächtnisstudien, die meist ähnlich wie Ebbinghaus mit Wörterlisten gearbeitet hatten, oft auch mit sinnvollen Wörtern. Miller wollte wissen, wie viele Informationen das Gedächtnis auf einmal aufnehmen oder enkodieren kann. Er kam auf eine Zahl, die er die *magische Sieben* nannte: Demnach können wir im Schnitt sieben Informationseinheiten auf einmal verarbeiten, maximal zwei mehr oder auch bis zu zwei weniger. Über Jahrzehnte galt die Formel *7-plus-minus-2* als unumstößlich, bis Nelson Cowan aus Missouri sie 2001 akribisch zerlegte. Unter dem Beifall vieler Fachkollegen wies er nach, dass wir die Sieben nicht immer, sondern nur dann erreichen können, wenn das Material bestimmten Bedingungen genügt. Völlig ohne Bedingung schrumpft die Spanne auf *4-plus-minus-1;* folgerichtig sprach er von der *magischen Vier.*

Ob Vier oder Sieben, jede Gedächtnisspanne lässt sich erweitern. Dafür brauchen wir das, was die sinnlosen Silben gezielt ausschalten: den Sinn im Material. Wenn wir echte Wörter oder Wörterlisten lernen, verbuchen wir deren innere Ordnung nämlich automatisch mit; das ist *Enkodierung,* man könnte auch *Verschlüsselung* sagen. Lesen Sie etwa die folgende Liste durch: Tisch, Hans, Baum, Stuhl, Maria, Strauch, Sofa, Sabine, Blüte, Sessel, Walter, Salat, Liege, Brigitte, Gras. Obwohl die Wörter durcheinander stehen, erkennen Sie sicherlich sofort, dass sie sich drei Kategorien zuordnen lassen, Möbeln, Namen und Pflanzen. Mehr noch: Sie ordnen jedes Wort automatisch einer dieser Kategorien zu. Später holen Sie die Wörter kategorienweise ins Gedächtnis zurück. Das erleichtert das Lernen so stark, dass sich sogar die 7 +/- 2-Regel weit überbieten lässt.

Die meisten Leute erfinden sogar eine Ordnung, auch wenn gar keine auf der Hand liegt. Sie verpassen einer Wortgruppe wie *Hund, Fichte, Haus* und *Kinderwagen* einfach einen roten Faden – Der Hund hebt das Bein an der Fichte, als sich aus dem Haus dahinter ein Kinderwagen schiebt. Schon bleibt die Wortgruppe völlig einfach im Kopf. Man nennt Bedeutungsblöcke dieser beiden Arten auch englisch *cluster* oder *chunks.* Sie bilden die Grundlage für die Gedächtnistricks der Assoziationsmethode.

In den 60er-Jahren trieben George Mandler und Zena Pearlstone aus San Diego die Geschichte noch einen Schritt weiter. Sie legten Studenten Wörterlisten wie die von oben vor. Einige lernten die Wörter, die anderen ordneten sie lediglich nach Kategorien. Am Schluss fragten die Forscher beide Gruppen, was alles auf der Liste stand. Erstaunlicherweise konnten sich alle Versuchspersonen an gleich viele Wörter erinnern, obwohl die einen gar nichts aktiv gelernt hatten. Ihre Erinnerung hatte sich von selbst und nebenbei gebildet, während sie sortierten; dieses Lernen nennt man *inzidentell*, von lateinisch *incidere*, hineinfallen. Der Gegensatz dazu ist *intentionales Lernen,* dahinter steht Absicht, also Intention. Diese und einige weitere Studien belegen, dass wir Material umso sicherer aufnehmen, je besser es organisiert ist oder auch, je leichter es sich organisieren lässt.

Außerdem enkodieren oder verschlüsseln wir Gedächtnismaterial nachhaltiger, wenn wir es nicht geistlos „pauken", sondern es geistig in irgendeiner Form verarbeiten. Stellen wir etwa zwischen zwei Wörtern eine Beziehung her oder machen einen Satz daraus, dann können wir uns die Wörter erheblich besser merken. Deshalb ist es sinnvoll, neue Wörter einer Fremdsprache *auch* im Satzzusammenhang zu lernen, etwa *das Papier reißt* statt nur *reißen*.

Im Rest dieses Kapitels geht es um die Stufe drei. Der Speicherung, der zweiten Stufe, ist dann das ganze zweite Kapitel gewidmet.

Wiedergabe – Informationen abrufen

Nicht immer können wir über unsere Gedächtnisinhalte frei verfügen, und das haben die meisten schon einmal in einer Prüfung erlebt. Sie verlassen den Prüfungsraum – und in dieser Sekunde ist die Jahreszahl, die Formel, das Argument im Kopf, all das, was während der Prüfung verschwunden war, wieder da. Es war nicht zugänglich. Gespeichert war es aber trotzdem, sonst hätte es auch später nicht auftauchen können.

Es hängt auch an der Art des Abrufs, wie gut ein Gedächtnisinhalt zugänglich ist. Drei Wege unterscheidet man, und sie sind ganz und gar nicht gleich erfolgreich. Der erste Weg ist die aktive Wiedergabe (engl. *recall*). Dabei rufen Menschen die Information ohne Hilfe und aus eigener Kraft ab; sie sagen Wörterlisten auf, fassen Geschichten zusammen oder berichten in einer Rede oder einem Aufsatz, was sie gelernt haben. Der zweite Weg ist die Wiedergabe mit Schlüssel- oder Hinweisreiz (engl. *cued recall*). Wenn eine Schülerin in der Geschichtsprüfung etwa nicht weiß, dass die heutige EU als EWG gegründet wurde, dann spricht ein erfahrener Lehrer vielleicht den Hauptinhalt *Wirtschaft* an. Er weiß, dass der Hinweis ihr das Erinnern erleichtert, falls sie den Begriff *Europäische Wirtschaftsgemeinschaft* schon einmal gehört hat. Der dritte Weg ist die Wiedererkennung (engl. *recognition*), das Prinzip der *Multiple-Choice-Tests*. Falls Sie beispielsweise die Wörter der oben aufgeführten Listen gelernt hätten, erhielten Sie eine Wörterliste und müssten jeweils entscheiden, ob das Wort der Liste oben angehörte oder nicht, etwa: Tisch,

Salat, Auto, Brigitte, Stuhl, usw. Natürlich war *Auto* nicht dabei.

Die drei Abrufwege fördern unterschiedlich viele Gedächtnisinhalte zutage. Die erwähnte Zena Pearlstone arbeitete auch mit Endel Tulving zusammen; diesem Kanadier estnischer Herkunft werden Sie später noch ausführlicher begegnen. Die beiden ließen Studenten Listen mit Wörtern verschiedener Kategorien lernen. Beim Abfragen hinterher mussten einige allein im eigenen Gedächtnis kramen, den anderen sagten sie ausdrücklich, welche Kategorien die Liste enthalten hatte. Der Unterschied war eklatant: Die Gruppe, die einen Hinweisreiz bekommen hatte, konnte auffallend mehr Wörter wiedergeben als die, die alles aktiv wiedergeben musste. Wir haben also immer mehr gespeichert als das, was uns aktiv zugänglich ist. Ein guter Hinweisreiz kann es aus uns herausholen. Er muss allerdings wirklich gut passen. Bei der vorigen Liste etwa wäre der Hinweisreiz „deutsche Vornamen" sehr gut, und „Vornamen" alleine würde auch genügen. „Deutsch" alleine funktionierte nicht, im Gegenteil: ein abseitiger Hinweisreiz stört eher.

Besonders viele Gedächtnisinhalte finden wir wieder, wenn wir nur wiedererkennen müssen; hier brauchen wir schließlich nur zu entscheiden, was uns am bekanntesten vorkommt. Dieser Abrufweg hat allerdings auch einen Nachteil. Auf diesem Weg „erinnern" wir uns nämlich besonders leicht an Inhalte, die wir nie eingespeichert haben. Das nennt man *falsche Erinnerungen* (englisch: *false memories*). Ergebnisse der *false-memory*-Forschung werden uns später in diesem Buch noch beschäftigen, wenn es um Erinnerungen an das eigene Leben geht. Hier möchte ich nur kurz die einfachste Variante der falschen Erinnerungen vorstellen.

Nehmen wir noch einmal unsere Liste von oben. Entscheiden Sie schnell, welche der folgenden Wörter dazugehörten: Tisch, Ziegel, Salat, Sofa, Baustelle, Brigitte, Stuhl, Hans, Sabine, Blume, Maria, Ampel, Auto, Strauch, Baum, Sessel, Walter, Gras. Dann vergleichen Sie. Sie haben sicher sofort einige Wörter aussortiert, die nicht zu den Kategorien der Liste passten. Falls Sie auch *Blume* aussortiert haben, dann haben Sie besonders gut aufgepasst. Jeder zweite sagt nämlich, ich glaube, die Blume war auch dabei. *Blume* hätte gut zur Kategorie *Pflanze* gepasst. Prägen sich nämlich Menschen Wörter ein, unter denen einige logisch miteinander verbunden sind, dann neigen sie dazu, diese Liste um naheliegende Begriffe zu ergänzen. Begriffe wie die *Blume* in diesem Beispiel heißen deshalb auf Englisch *lure*, also *Köder* oder *Lockvogel*.

Falsche Erinnerungen sind ein „Preis" dafür, dass unser Gedächtnis so flexibel ist und Inhalte nach Bedeutung verschlüsselt und abruft, statt wie ein Computer stur alles einzuspeisen. Wir speichern nicht eins zu eins, was uns begegnet, sondern so, dass wir es beim Abrufen unter Umständen völlig neu zusammenstellen. Auch wenn das manchmal zu Fehlern führt, so ist es doch andererseits unerlässlich für eine typisch menschliche Fähigkeit: Kreativität. Kreativ sind wir dann, wenn wir nicht allzu eng am vermeintlich sicheren Wissen hängen, sondern dosiert davon abweichen.

2. Speichern

Die vielen Facetten des Gedächtnisses

Um einen Inhalt aus dem Gedächtnis abzurufen und wiederzugeben, müssen wir darauf zugreifen können. Er muss also in irgendeiner Form längerfristig gespeichert sein. Das Bild der Griechen von der Wachstafel mag überholt sein, die Spuren darin aber sind so anschaulich, dass man den Begriff *Gedächtnisspur* bis heute benutzt; manchmal finden Sie auch *Engramm*, auf Griechisch *das Eingeschriebene*. Die deutsche Sprache hat das direkt übernommen: Wir *prägen* uns etwas *ein*. Es illustriert plastisch die zweite der drei Gedächtnisstufen *Aufnahme – Speicherung – Wiedergabe*. Dabei braucht man nicht zu entscheiden, in welchem Material die Spur verläuft, was sie dort verändert oder gar, was sie selbst physikalisch ist. Trotzdem kann man vernünftig fragen: Wie lange hält sie und können wir das beeinflussen? Welche Rolle spielt der Inhalt dessen, was wir uns merken? Was bedeutet Vergessen und wann beginnt es?

Kurzzeit- und Langzeitgedächtnis

Hermann Ebbinghaus konnte sich 1885 relativ viele sinnlose Silben einprägen. Danach vergaß er sie zwar weitgehend, aber wenn er sie noch einmal lernte, ging es schneller als zuvor. Daraus schloss er, dass irgendetwas trotz allen Vergessens längerfristig gespeichert gewesen sein muss. Das bezeichnete er als *natürliches Gedächtnis* und stellte es der kurzfristigen *Gedächtnisspanne* gegenüber. Die Forschung machte lange keinen solchen Unterschied. Erst 1949 schlug Donald Hebb aus Montreal aus biologischer Sicht vor, ein kurzzeitiges von einem längerfristigen Gedächtnis zu unterscheiden.

Das änderte die Sicht der Dinge; seit den 60er-Jahren betrachten die meisten Forscher Kurzzeitgedächtnis (KZG) und Langzeitgedächtnis (LZG) als getrennte Systeme. Hebb hatte seine Idee vermutlich genau zum richtigen Zeitpunkt geäußert. Sie setzte sich nicht zuletzt deshalb durch, weil man zu dieser Zeit Patienten mit Hirnverletzungen und ihre Gedächtniseinbußen intensiver als zuvor untersuchte.

Viele Schädigungen des Gehirns beeinträchtigen das Gedächtnis, etwa direkte Verletzungen bei Unfällen, Blutungen, Schlaganfälle, Entzündungen, Alkoholismus oder Demenzen. Aber die Konsequenzen sind keineswegs immer gleich. Patienten mit der klassischen schweren Gedächtnisstörung, die *amnestisches Syndrom* heißt, können sich Neues nicht mehr längerfristig einprägen. Gleichzeitig kommt ihnen ihre eigene Vergangenheit abhanden; vom vorhergegangenen Tag wissen sie nichts und das reicht mindestens bis zu dem Tag, als ihr Gehirn geschädigt wurde, etwa durch einen Unfall. Über die Zeit vorher wissen sie umso mehr, je länger sie vorbei ist, am genauesten wissen sie über ihre Kindheit Bescheid. Dagegen können sich einige durchaus kurz eine Telefonnummer merken und sogar ein sinnvolles Gespräch führen. Nur eine halbe Stunde oder länger behalten sie die Information nicht, selbst wenn man sie mehrmals mit ihnen wiederholt. Bei anderen Patienten ist es genau umgekehrt: Niemals behalten sie kurzfristig eine Telefonnummer. Trotzdem können sie sogar Neues lernen, wenn man es lange genug mit ihnen übt und wiederholt. Erklären kann man sich das nur so, dass KZG und LZG verschiedene Wege gehen müssen.

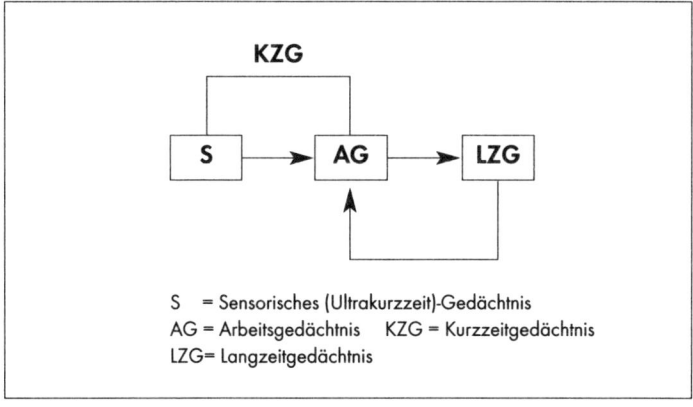

Abbildung 1: Kurzzeit- und Langzeitgedächtnis, zeitliche Abfolge; Pfeile kennzeichnen den „Weg" der Information.

Gleichzeitig bewahrt das KZG die eintreffenden Informationen keineswegs einfach treu auf, um sie nach ein paar Minuten automatisch in das LZG zu schieben. Es bearbeitet sie sofort. Deshalb teilt man das KZG selbst noch einmal in zwei Stufen ein, das extrem kurzlebige *sensorische Gedächtnis* und das *Arbeitsgedächtnis*, ein Begriff, der auf

Alan Baddeley aus Cambridge/England zurückgeht. Das sensorische Gedächtnis hat höchstwahrscheinlich für jeden der fünf Sinne eine eigene Abteilung. Das *Arbeitsgedächtnis* dagegen analysiert, was die Information bedeutet, vergleicht sie mit vorhandenem Wissen und verknüpft sie dann damit.

Das Arbeitsgedächtnis hält die Information außerdem so lange vor, wie wir sie benötigen. Akustisch gehören dazu etwa Zahlenspiele. Da gibt der Spielleiter zwei Zahlen vor und die Mitspieler zählen sie im Kopf zusammen; dann sagt der Spielleiter die nächste Zahl und die Mitspieler addieren sie zur Summe der ersten beiden usw. Das Arbeitsgedächtnis brauchen wir auch, wenn wir vorlesen: Nur wenn wir den bisherigen Inhalt und den nächsten Satz im Kopf haben, können wir flüssig lesen.

Das visuelle Arbeitsgedächtnis ist beim Gesellschaftsspiel *Memory* in Aktion. Dort liegen Bildkärtchen auf dem Kopf, von denen jeweils zwei das gleiche Motiv haben. In jeder Runde deckt jeder Spieler zwei Karten auf. Sind sie gleich, darf er sie wegnehmen, sind sie verschieden, werden sie wieder umgedreht. Erfolgreiche Spieler haben ständig die Lage vieler früher aufgedeckter Karten parat und behalten sich neue. Das ist bei 4 X 4 Karten ganz leicht, bei 10 X 10 ziemlich schwierig, und es ist eine Leistung des visuellen Arbeitsgedächtnisses.

Behalten wir beim *Memory* auch noch nach einem Spiel, wie die Karten lagen, dann stört uns dieses Wissen in späteren Runden massiv. Wir sollten es deshalb schnell vergessen, und genau das geschieht auch: Solche Informationen werden irgendwann aus dem Arbeitsgedächtnis gelöscht und durch neue ersetzt. Die Spur von Informationen, die voraussichtlich über längere Zeit wichtig sein werden, wird dagegen ins LZG übernommen.

Wie die Spuren haltbar werden

Gedächtnisinhalte bleiben nicht ewig, wir vergessen sie wieder, anfangs sehr viele, später weniger; bei sinnlosen Silben geht es besonders schnell, aber es trifft auch sinnvolle Inhalte. Das ist Vergessen durch Verblassen. Wir können gegensteuern, indem wir von Zeit zu Zeit auf den Inhalt zugreifen und ihn wiederholen. Dadurch „vertiefen" wir gewissermaßen die Gedächtnisspur; wir *konsolidieren* sie.

Zwei Göttinger Psychologen zeigten schon im Jahr 1900 einen weiteren „aktiven" Weg, wie wir vergessen. Die Versuchspersonen von Georg Müller und Alfons Pilzecker lernten eine Liste von Wortpaaren auswendig, etwa *Mauer-Baum, Straße-Tasche, gehen-schreiben* usw. Danach lernten sie eine zweite solche Liste. Das erste Wort stammte jeweils aus der ersten Liste, das zweite war neu, also etwa Mauer-*Buch*, Straße-*Haus*, gehen-*klopfen*. Schließlich wurden sie nach der ersten Liste gefragt. Falls sie zwischen den beiden Lernphasen mindestens sechs Minuten Zeit gehabt hatten, wussten sie die Wörter aus der ersten Liste gut. Waren es dagegen nur Sekunden, fielen ihnen immer nur Wörter der zweiten Liste ein.

Müller und Pilzecker nannten es damals *Hemmung*, heute heißt es meist *Interferenz*, wenn ein Gedächtnisinhalt durch einen zweiten behindert wird, der ihm ähnlich ist. So zeigten die beiden indirekt auch, wie wir dem aktiven Weg des Vergessens vorbeugen können. Interferenz stört das Gedächtnis vor allem dann, wenn wir zwei sehr ähnliche Inhalte kurz hintereinander lernen. Sie wird weniger wahrscheinlich, wenn wir das Lernmaterial besser organisieren. Lernt also ein Schüler direkt hintereinander italienische und spanische Wörter, sollte in der italienischen Liste das Wort *aceto* (Essig) nicht unbedingt nach dem Wort *aceite* (Öl) in der spanischen vorkommen.

Interferenz verhindert offenbar, dass die erste Spur sich festigt. Auch diese Erkenntnis verdanken wir im Prinzip der *Neuropsychologie*, diesmal mit Befunden zu Gedächtnisleistungen nach einer Phase der Bewusstlosigkeit. Erwacht jemand aus der Bewusstlosigkeit, dann kann er sich an die bewusstlose Zeit natürlich nicht erinnern; aber eine gewisse Zeitperiode direkt vor dem schädigenden Ereignis – dem Trauma – ist ihm genauso verschlossen. Das nennt man *retrograde Amnesie*, Gedächtnisverlust für die „Zeit davor". Das Trauma kann ein Unfall gewesen sein oder eine Blutung, aber bei einem Vollrausch ist es ziemlich ähnlich.

Meist kehrt die Erinnerung teilweise wieder zurück, vor allem, wenn die Bewusstlosigkeit nicht lange gedauert hat. Dabei rollt sich das Gedächtnis immer von hinten auf: Was am weitesten zurückliegt, kommt zuerst wieder. Nur bis zum Trauma selbst dringt es nicht vor, das bleibt normalerweise im Dunklen: Wer während des Unfalls bewusstlos wird, kann praktisch nie etwas zum Hergang des Unfalls sagen. Deshalb wird sich Prinzessin Dianas Autounfall wohl nie aufklären; der überlebende Fahrer war lange bewusstlos.

Wer bewusstlos ist, nimmt nichts wahr und speichert auch nichts Neues ein. Bis jemand das Bewusstsein verliert, nimmt er allerdings sehr wohl wahr; und doch sind auch mehrere Minuten vor der Bewusstlosigkeit für immer verschwunden. Das spricht dafür, dass das Gedächtnis ein paar störungsfreie Minuten benötigt, um zugängliche Spuren zu bilden und sie zu konsolidieren. Wollen wir Interferenzen vorbeugen oder sie vermeiden, müssen wir dem Gedächtnis also „bloß" ein wenig ungestörte Zeit geben.

Das Langzeitgedächtnis und seine Kammern

Die Ereignisse des heutigen Tages wissen wir morgen noch ganz gut. In fünf Jahren erinnern wir uns nur daran, falls heute etwas Besonderes geschieht, etwa wenn wir heute einen ungewöhnlichen Ausflug gemacht oder eine Reise begonnen haben, umgezogen sind oder geheiratet haben. Dieses Gedächtnis heißt *episodisch* und speichert einzelne Ereignisse unseres Lebens mit allen Garnierungen. Für Wörterlisten und Ähnliches ist dagegen das *semantische* oder Bedeutungs-Gedächtnis zuständig, auch für alles, was wir in Schule und Ausbildung lernen. Die meisten Leute hegen zwar die Überzeugung, sie hätten den größten Teil des Schulstoffs vergessen. Das liegt vermutlich daran, dass sie nicht mehr wissen, wo sie das Wissen erworben haben, das sie täglich ganz selbstverständlich abrufen: in der Schule.

Semantisches und episodisches Gedächtnis haben etwas gemeinsam: Wir können absichtlich und bewusst darauf zugreifen und benennen, was wir uns gemerkt haben. Man fasst sie deshalb seit den späten 1970er-Jahren als *deklarativ* (benennend) oder *explizit* (ausdrücklich) zusammen. Das deklarative Gedächtnis ist das, was wir im Alltag unter Gedächtnis verstehen, und es ist auch das, wo wir Gedächtnistricks einsetzen können.

Wir merken uns aber längst nicht nur deklarative Inhalte. Manches haben wir absolut sicher im Gedächtnis, was wir nicht auswendig gelernt haben und nicht aus Büchern; das *wissen* wir nicht, das *können* wir. Dazu gehören etwa *Prozeduren*, das sind motorische Fertigkeiten, vom Gehen bis zum Schwimmen, Fahrrad fahren oder Geige spielen. Wir üben sie in der Regel physisch, und dafür brauchen wir andere Menschen, die sie uns vormachen und uns korrigieren. Eine rein prozedurale Fertigkeit ist meist nachhaltig gespeichert; so können wir auch dann noch einigermaßen schwimmen, Fahrrad fahren und sogar ein wenig Klavier spielen, wenn wir es ziemlich lange nicht getan haben. Wollen wir solche Prozeduren aber beschreiben, wird es richtig kompliziert. Das ist wie bei dem Tausendfüßler, der gefragt wurde, warum er denn seine Beine nicht verheddere. Nichts fiel ihm ein dazu, aber er versprach, sich selbst zu beobachten und hinterher zu berichten. Ab dieser Sekunde konnte er nicht mehr gehen.

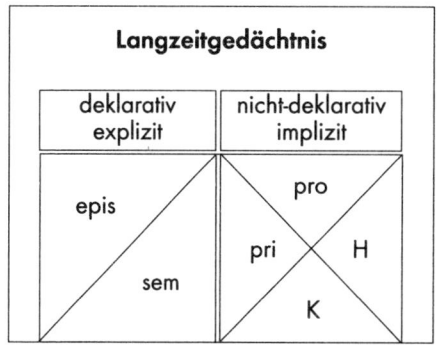

epis = episodisches Gedächtnis   pri = Priming
sem = semantisches Gedächtnis   K   = Konditionierung
pro = prozedurales Gedächtnis   H   = Habituation

Abbildung 2: Die großen Bereiche des Langzeitgedächtnisses und ihre wichtigsten Untergliederungen

Das prozedurale Gedächtnis wird als *implizit* oder *nicht-deklarativ* bezeichnet; wir können implizite Fertigkeiten nicht so gut oder auch gar nicht beschreiben, selbst wenn wir sie perfekt beherrschen. Das ist in einigen anderen Fällen ganz ähnlich, wo wir Gedächtnisinhalte durch *Konditionierung, Priming* und *Habituation* erwerben. *Habituation* greift, wenn sich unsere Sinnesorgane an einen Hintergrundreiz gewöhnen; so blenden wir Gestank irgendwann genauso aus wie bestimmte Hintergrundgeräusche; dazu finden Sie mehr im achten Kapitel.

Priming bahnt gewissermaßen, wie wir Gegenstände wahrnehmen. Zeigt man uns etwa eine Katze oder ein Auto und anschließend ein paar winzige Striche, deren Umrisse etwa der Katze und dem Auto entsprechen, dann sehen wir in den Strichen oft auch die Katze und das Auto. Ohne Vorbereitung sind es für uns sinnlose Striche; das *Priming* macht es wahrscheinlicher, dass wir in unklaren Situationen eben doch etwas erkennen – und zwar genau das, was wir zuvor gesehen und noch im Kopf haben. *Priming* gibt nicht nur bei Bildern, sondern auch bei Wörtern. So war es etwa ein *Priming*-Phänomen, dass ein Moderator im Kanzlerkandidatenduell im September 2005 im Zuge der Kirchhof-Debatte Angela Merkel einmal mit „Frau Kirchhof" ansprach.

Auch *Konditionierung* gehört zum impliziten Gedächtnis; wir lernen damit bestimmte Verhaltensweisen, weil sie zu angenehmen Konsequenzen führen oder unangenehme Konsequenzen beseitigen. Zum Beispiel können sich einige Rückenschmerzen auf diesem Weg entwickeln: Da schmerzt etwa eine Verletzung weniger, wenn die Person die Wirbelsäule schief hält, und das führt dazu, dass sie automatisch schief bleibt, auch wenn die Verletzung längst verheilt ist. Die Haltung ist aber unnatürlich und deshalb auf Dauer selbst schmerzhaft.

Konditionierte Verhaltensweisen sind sogar besonders nachhaltig, und wenn sie einmal „sitzen", müssen sie sich nicht weiter konsolidieren. Das kann positiv wie negativ sein. Eine positive Variante ist, wie wir genießen lernen, was unsere eigene Esskultur zu bieten hat. Eine häufige negative: Wenn Kinder täglich in der Schule Angst empfinden, die aber von ihnen abfällt, sobald sie die Schule verlassen, dann wird diese Erfahrung nach und nach konditioniert; sie ist ziemlich unbewusst und implizit, aber ungemein haltbar, auch wenn die Lehrerin im Jahr darauf keine Angst mehr verbreitet.

Implizite Gedächtniswege können völlig unabhängig von expliziten funktionieren; das zeigen Patienten mit sehr schweren Amnesien. Dazu gibt es mehrere Geschichten. Eine der frühesten veröffentlichte der Pariser Neurologe Edouard Claparède schon im 19. Jahrhundert. Eine schwer amnestische Patientin erkannte ihn niemals wieder und konnte sich auch nie an etwas erinnern, was am Tag zuvor geschehen war. Da gab ihr Claparède eines Morgens die Hand so, dass er sie dabei ein wenig mit einem kleinen Reißnagel piekste, den er in der Hand hielt. Am nächsten Morgen weigerte sie sich, ihm die Hand zu geben. Er sei ihr nicht sympathisch, sagte sie, und außerdem könne man nie wissen, ob einen die Hände fremder Leute nicht womöglich verletzten. Sie hatte also Claparède mit dem Stich gekoppelt und wollte ihm deshalb fernbleiben. Diese Erinnerung war aber völlig implizit. Wie zuvor beharrte sie darauf, diesen Menschen nie zuvor gesehen zu haben. Auch das Gedächtnis für Schmerzen ist implizit.

3. Zeitreisen

Wir gehen gern im eigenen Leben spazieren

Ein Stichwort genügt – schon läuft der Film. Die Hauptrolle spielen wir selbst und wir fühlen uns auch so: erster Schultag, letzter Schultag, Ausbildung, Hochzeit, erster Job, erstes Kind. Manches erzählt der Film sofort ausführlich, manchmal tauchen Einzelheiten erst verzögert auf, und an manches erinnert uns erst jemand anders, an ein Kleid, ein Auto oder einen Streit. Einige Situationen haben wir vollständig vergessen.

Wir empfinden es als zweierlei, ob wir uns an Ereignisse unseres eigenen Lebens erinnern, oder an eine auswendig gelernte Tatsache. Doch erst 1972 schlug Endel Tulving vor, das auch wissenschaftlich zu trennen. Tatsächlich verarbeiten wir Episoden unseres Lebens schnell und intensiv, verschlüsseln sie vielseitig und speichern so den roten Faden. Wir lernen sie nicht auswendig und können trotzdem besonders leicht und lange darauf zugreifen. Im „Film" geschieht noch mehr.

Autobiographisches, episodisches Gedächtnis

Der Film läuft ab, als spielten wir wieder mit bei der Geschichte. Wir haben nicht nur im Kopf, was da geschah, sondern auch, wo es war, wie es ablief und wie wir uns fühlten. Die volle Episode eben – deshalb nannte Tulving das Gedächtnis dafür *episodisch.* Es speichert schneller und mehr als diese Fakten, die aber dafür nicht immer präzise. Das unterscheidet das *episodische* vom *semantischen* Wissensgedächtnis, obwohl beide *deklarativ* bzw. *explizit* sind.

Nur das episodische Gedächtnis erlaubt uns, die Zeit buchstäblich mental zurückzudrehen und darin spazieren zu gehen. Tulving nennt das: den „Pfeil der Zeit nach hinten biegen". Das ist typisch Mensch und allem Anschein nach einmalig auf dieser Erde: Tiere können sich zwar an diverse Verstecke erinnern, sie erkennen auch Menschen wieder und ob die sie gut behandelt haben oder schlecht. Aber das ist semantisches Faktenwissen. Es gibt nicht die Spur eines Hinweises, dass Tiere etwa in der Erinnerung daran schwelgen könnten, wie sie eine neue Lieblingsspeise entdeckten. Menschen können das.

Wir können es, weil drei Dinge zusammenkommen. Beim Thema „Mein erster Schultag" sieht das so aus: Erstens habe ich ein Gefühl für subjektive Zeit, dafür, dass mein eigenes Leben in der Zeit abläuft. Zweitens kann ich meinen ersten Schultag auf dieser Zeitachse einordnen: Werfe ich den Film an, dann reise ich zurück. Drittens weiß ich, dass ich jetzt ich bin und damals dieses Kind war, dessen ersten

Schultag ich mir gerade vergegenwärtige. Jetzt und Damals verwechsle ich nicht.

Solche Zeitreisen sind uns nicht nur möglich, wir unternehmen sie auch ständig und mit Vergnügen. Geschichten aus Zeitreisen prägen unsere Persönlichkeit und unsere Identität, mit ihnen vergewissern wir uns, wer wir sind. Sie sind keine rührende Vergangenheitsseligkeit, sondern die Basis, auf der wir uns mit anderen Leuten austauschen und unser Leben als sinnvoll empfinden. Kurz: Ohne episodisches Gedächtnis kämen wir nicht zurecht.

Nun ist der erste Schultag zweifellos etwas Besonderes. Was also ist mit anderen Schultagen oder anderen Ereignissen? Tatsächlich weiß ich morgen noch ziemlich genau, was ich heute getan habe. Fahre ich heute mit dem Zug von München nach Augsburg, dann weiß ich sogar übermorgen noch Bescheid darüber. Doch falls ich öfter nach Augsburg fahre, verblasst die Erinnerung im Laufe der nächsten Tage; sie gesellt sich dem semantischen Gedächtnis bei, Abteilung *Zugfahren*.

Nehmen wir aber an, mit dem heutigen Zug führe ein Terrorist, und der würde in einem halben Jahr gestellt. Nehmen wir außerdem an, vor einer Woche wäre eine Kamera am Bahngleis installiert worden, die mich beim Einsteigen gefilmt hätte. Deshalb würde mich die Kripo ausfindig machen und zu dieser Zugfahrt verhören. Normalerweise wird mir da – ein halbes Jahr nach dem Ereignis – leider nicht mehr viel einfallen. Der Fall liegt völlig anders, wenn ich heute diese Kamera zum ersten Mal entdeckt hätte. Die Kamera hebt die Fahrt aus den üblichen heraus und ich würde ihr deswegen besondere Aufmerksamkeit widmen. So könnte die Kamera, die mich identifiziert hat, bei der Befragung als Schlüsselreiz wirken – als *cue*. Schon fiele mir mehr ein. Noch viel besser könnte ich mich an die Fahrt erinnern, wenn ich mich über die Kamera auch noch geärgert hätte, nach dem Motto: Nirgendwo ist man mehr unbeobachtet.

Ärger ist ein Gefühl. Jedes Gefühl bewertet die Situation automatisch und drückt ihr einen Stempel auf, der persönlich und unverwechselbar ist. Hätte ich mich gefreut, wäre es gedächtnistechnisch ähnlich gewesen. Ob positiv oder negativ – bewerten wir ein Ereignis via Gefühl, können wir uns später besonders gut daran erinnern. Es ist nicht nur intensiver verschlüsselt, sondern wir erzählen es auch öfter. Das Erzählen aktiviert jedes Mal die alte Gedächtnisspur und konsolidiert sie so. Cool-Sein während des Ereignisses dagegen macht auch das Gedächtnis etwas cooler.

Das episodische Gedächtnis beginnt erst ziemlich spät

Beim ersten Schultag waren wir schon sechs Jahre alt. Mit jedem Jahr, das wir auf der Zeitachse weiter zurückgehen, werden die Episoden weniger und blasser. Irgendeine ist die früheste, und dahinter ist alles in der sogenannten *infantilen Amnesie* verschwunden. An *ein* Ereignis kann sich niemand episodisch erinnern: Wie wir auf die Welt kamen.

Wir „wissen" darüber alles Mögliche, genau wie über die folgenden ersten Jahre. Aber das ist rein semantisches Faktenwissen; wir haben später davon erfahren, indem wir Fotos, Filme oder Familiengeschichten angeschaut und gehört haben.

Trotzdem lernen wir in unseren ersten Jahren ungeheuer viel, was wir zeitlebens wissen. Aber das ist entweder implizit oder semantisch, und wir wiederholen es außerdem immer wieder. Wir vermerken dabei nicht, wann, wie und wo wir es gelernt haben. Deshalb ist es nicht episodisch. Es kann nicht episodisch sein, weil sich die Voraussetzungen dafür erst später entwickeln. Auf der physiologischen Ebene ist es das Nervensystem selbst, auf der Erlebensebene das Ich-Bewusstsein, die Gewissheit: Ich bin ich, ich bin jemand anderes als die anderen.

Das Ich-Bewusstsein gibt es bei der Geburt noch nicht, und es lässt auch eine Weile auf sich warten. Die Wissenschaft prüft schon lange, wann es entsteht, nicht nur in der Entwicklung eines Menschenkindes, sondern auch in der Entwicklung der Arten. Sie hat einen einfachen Test dafür entwickelt, der keine Sprache voraussetzt und deshalb auch mit kleinen Kindern möglich ist, ja sogar mit Tieren. Man malt dem Kind einen roten Punkt auf die Nase oder dem Tier einen weißen Aschestreifen auf das Stirnfell. Danach lässt man sie in einen Spiegel schauen. Ein Kind schaut etwa bis zum zweiten Geburtstag in den Spiegel, lacht das Spiegelbild an und greift ihm an die rote Nase. Bald nachdem es zwei ist, greift es sich an die eigene Nase – es hat gemerkt, dass es sich selbst im Spiegel sieht. Unter den Tieren greifen sich nur Menschenaffen an die eigene Stirn, Gorillas und Schimpansen. Andere Primaten tun das nie, genauso wie Katzen niemals merken, dass ihr Spiegelbild grundsätzlich dasselbe tut wie sie selbst.

Dieser *Gallup-Spiegel-Test* hat zweifelsfrei nachgewiesen: Ein Kind unter zwei Jahren erlebt sich selbst nicht als „ich". Parallel dazu spricht es auch von sich erst einmal als von „Lisa" oder „Dani", und erst viel später sagt es „ich". So kann es zwar im Wasser Angst vor dem Untergehen bekommen, und die kann sogar massiv werden. Eine bestimmte Art Schrecken erlebt es noch nicht: „Ich" gehe womöglich unter. Deshalb kann es sich an diese Begegnung mit dem Wasser nicht *als Episode* erinnern. Möglicherweise reagiert es aber später trotzdem mit Angst auf dunkles Wasser; dann hätte es die Angst implizit gelernt, als Konditionierung. Das ist kein Freibrief für „Experimente". Eine konditionierte Angst kann ziemlich hartnäckig sein. Verschwindet sie nicht von selbst, muss man sie verhaltenstherapeutisch behandeln. Das Kind kann nicht erzählen, wann es die Angst zum ersten Mal hatte; das hat absolut nichts mit Verdrängung zu tun, sondern damit, dass es die Angst damals nicht als „ich" erlebt hat.

Zwischen dem zweiten und dem vierten Geburtstag entwickelt sich das Ich-Gefühl allmählich und damit das episodische Gedächtnis. Das geht intensiver, wenn das Kind den Eltern häufig Erlebnisse erzählt; dann kann es sich später auch an die eine oder andere Episode aus dieser Zeit erinnern. Allerdings erfinden Kinder dieser Altersgruppe auch gerne Geschichten; das speichern sie dann manchmal genauso lebendig wie echte Geschichten. Wer Kinder als Zeugen befragen möchte, muss das berücksichtigen.

Falsche Erinnerungen

Eins zu eins wie eine Videokamera arbeitet das episodische Gedächtnis auch später nicht. Vielmehr spinnt es den roten Faden einer Situation und bewahrt, wo und wie wir sie erlebt und bewertet haben. Außerdem speichert es markante Einzelheiten genau, die uns später als Schlüsselreize dienen können. Dieser Weg hat einen Vorteil: Wir behalten ungemein viel, weil der Stoff extrem gut und vielseitig verarbeitet ist. Er hat eine Kehrseite: Die Erinnerung ist nicht immer ganz präzise und kann sich im Lauf der Zeit verändern.

Selbst wenn wir eine Liste mit Wörtern gelernt haben und dann gefragt werden, ob ein Wort dazu gehörte, sagen wir schon mal „ja", nur weil es logisch passen würde. Das ist klare Suggestion: die Frage lockt das Gedächtnis auf die falsche Fährte. Wer je an einem Seminar zur Gesprächsführung teilgenommen hat, kennt solche falschen Erinnerungen life: Die Leiterin liest eine Geschichte vor. Dort geht etwa Frau X. zum Auto und macht alles Mögliche, bevor sie losfährt. Hinterher beantworten die Teilnehmer mehrere Aussagen mit „richtig" oder „falsch". Eine davon lautet, Frau X. habe kurz in den Rückspiegel geschaut. Auch wenn das in der Geschichte nicht vorkam, sind immer einige überzeugt, dass es so war.

Falsche Erinnerungen treten vor allem nach Fangfragen auf und dann, wenn etwas nicht ganz sicher eingespeichert ist. Wir könnten also sagen: „Klar, das ist semantisches Gedächtnis. Da ‚weiß' man, was normal ist – alle umsichtigen Fahrer schauen in den Rückspiegel, bevor sie losfahren. Dann ist man bei den Einzelheiten großzügig. Bei der eigenen Lebensgeschichte ist das aber wohl anders! Wir vergessen schon mal was, aber Neues dazudichten? Jeder lügt mal, aber nicht aus Versehen."

Und doch kann es passieren. Einerseits verändern wir die Geschichten dadurch, dass wir sie erzählen. Sprechen wir mit anderen darüber, die auch dabei waren, erinnern die sich oft nicht an die gleichen Einzelheiten wie wir. Gelegentlich verleiben wir Details, die andere erzählen, *unserer* Geschichte ein. Wer weiß, ob sie stimmen? Auf jeden Fall behalten wir tendenziell das im Kopf, was wir erzählen; es ist dem Original sehr ähnlich, aber Einzelheiten können ziemlich davon abweichen.

Andererseits – und das ist viel erstaunlicher – können wir uns sogar an Episoden „erinnern", die nie stattfanden. Dieses Thema ist das Spezialgebiet der kalifornischen Psychologin Elisabeth Loftus und ihrer Arbeitsgruppe. Auf mehreren Wegen brachten sie Studenten dazu, sich an ein Ereignis ihrer Kindheit zu „erinnern", das garantiert erfunden war – von den Wissenschaftlern. Es spielte meist in einem Supermarkt; dort sollten sich die Studenten mit etwa fünf Jahren verlaufen und geweint haben, bis eine ältere Dame sie zu ihren Eltern zurückbrachte. So ein Ereignis ist auffällig, macht aber nicht noch nachträglich Angst.

In allen Studienvarianten befragte Loftus die Eltern der Studenten nach wahren Begebenheiten aus deren Kindheit. Dabei stellte sie sicher, dass sie sich nie wirklich im Supermarkt verlaufen hatten. Einmal legte sie den Studenten alle Geschichten der Eltern vor und außerdem die vom Supermarkt. Die notierten, was ihnen zu jedem Ereignis einfiel. Von drei echten Ereignissen konnten sie sich an zwei selbst erinnern, an eines nicht. Immerhin jeder Vierte beschrieb ausführlich die Situation im Supermarkt, wenn auch nicht besonders plastisch. Die Studenten hielten die Geschichte für wahr, weil ihre Eltern sie angeblich erzählt hatten. Klare Suggestion.

Ein anderes Mal benutzte die Arbeitsgruppe Träume. Im Abstand von zwei Wochen befragten die Forscher Studenten zu Kindheitsereignissen, die ihnen von sich aus einfielen. Zwischen den beiden Terminen gingen die Studenten – praktische Übung im Studium – einmal zu einem Psychiater und sollten ihm einen Traum berichten. Sie wussten nicht, dass der Psychiater mit Loftus unter einer Decke steckte. Was sie auch träumten, der Psychiater erklärte ihnen, das habe ganz gewiss etwas damit zu tun, dass sie sich einmal in einem Supermarkt verlaufen hätten, bevor sie drei Jahre alt waren. Während in der ersten Sitzung bei Loftus niemand eine Supermarkt-Geschichte dieser Art vorgebracht hatte, waren es bei der zweiten prompt eine ganze Reihe. Sogar die aktive Traumdeutung erwies sich als starke Suggestion.

Nun kann man sagen, das führe die Leute aufs Glatteis und sei deshalb ein wenig bösartig. Aber es gibt noch eine dritte Variante: Studenten machten Imaginationsexperimente. Sie lasen typische Kindheitssituationen und schätzten bei jeder ein, ob sie sie erlebt hatten. Dann nahmen sie die nicht erlebten und stellten sich intensiv vor, sie wären ihnen doch widerfahren. Alle wussten also, dass die Geschichte frei erfunden war. Trotzdem sagte auch in diesem Fall ein Viertel, wahrscheinlich hätten sie die Sache doch erlebt.

Die Experimente von Loftus und einigen anderen Arbeitsgruppen lassen nur einen Schluss zu: Wir können das autobiographische Gedächtnis foppen, unser eigenes und das anderer Leute. Das geht besonders leicht, wenn das Ereignis lange zurückliegt und nur unscharf gespeichert ist, und wenn die Suggestivfragen besonders schlau gestellt werden. Erstaunlicherweise können wir unserer Erinnerung aber sogar höchstpersönlich neue Einzelheiten oder Begebenheiten unterjubeln, einfach, indem wir sie erzählen oder uns intensiv vorstellen. Dann merken wir uns Ereignisse, die nie oder zumindest nicht so stattfanden. Wir erzählen dann die neue Variante nicht bewusst als Lüge und auch nicht der fragenden Person zuliebe; wir sind vielmehr überzeugt, dass es so war. Normalerweise ist das harmlos. Bei Zeugenaussagen allerdings kann es Folgen haben, die niemand wollte. So klingt die Frage „Waren es eigentlich vier oder fünf Männer?" ziemlich harmlos. Aber wenn sie jemandem gestellt wird, der erst dachte, es seien drei gewesen? Oder wenn eine gut getarnte Frau dabei war? Entscheidet sich die befragte Person im Sinne der Frage, bewegt sich oft auch ihre Erinnerung in diese Richtung.

Wer immer Menschen befragt – vor allem in der Medizin und bei Gericht – muss darauf achten: Je korrekter die Frage, umso korrekter die Antwort. Jede Suggestion gefährdet die korrekte Antwort – ja, sie beeinträchtigt sogar die korrekte Erinnerung, und das auf Dauer. Für letztere können wir selbst sorgen, indem wir genau hinschauen, gut wahrnehmen, die Plausibilität prüfen und skeptisch gegenüber allem sind, was uns nicht von selber einfällt.

Andererseits kann der Effekt auch angenehme Seiten haben – wieso sollte man sich nicht ein paar schöne Kindheitsgeschichten dazuerfinden? Es gibt sogar Psychotherapeuten, die gezielt mit so etwas arbeiten.

4. Feuer im Hirn

Wo das Gedächtnis wohnt

Zugegeben: das Gedächtnis ist nicht einfach ein bestimmter Teil des Hirns, und das „Wohnen" dort hat weniger mit Festsitzen zu tun als mit Umherschweifen. Trotzdem ist es unstrittig: unser Zentrales Nervensystem ist unerlässlich dafür, dass und wie wir Informationen aufnehmen, speichern und wieder hervorholen, Wörter wie Bilder, Bewegungen wie persönliche Erinnerungen. Trotzdem wird jede Geigerin und jeder Pianist schwören, ihr Musikgedächtnis sitze in den Händen. In einem gewissen Sinn stimmt das, aber nur zum Teil. Der Rest spielt im Gehirn.[1]

---

[1] Eine wichtige Ausnahme möchte ich nur kurz streifen, die nicht psychologisch ist. Es ist das Immunsystem. Das schützt den Organismus vor Infektionen, indem es schädliche Erreger ausschaltet. Dafür hat es keine vorgefertigte Giftmixtur; es rührt sie erst an, wenn es mit einer Bedrohung in Kontakt kommt. Dann entwickelt es Antikörper dagegen, und deren Bauplan „merkt" es sich, bei manchen infektiösen Keimen lebenslang; auf diesem Prinzip beruht die Impfung. Demnach ist das Immunsystem ein *lernendes System*. Sein höchst eigenes Gedächtnis sitzt nicht im Hirn, sondern gewissermaßen im Blut. Vom Hirn abhängig ist es trotzdem; es braucht nämlich immer wieder einen Zustand des Organismus, der „typisch Hirn" ist: alle 24 Stunden ein paar Stunden Schlaf.

Hirnzellen in Aktion

Mehrere 100 Milliarden Nervenzellen sind in unserem Kopf gepackt, wohlgeordnet, oft eng gebündelt in so genannten Kernen, und insgesamt dicht in tiefe Furchen gelegt. Von außen sieht das Hirn so ähnlich aus wie eine Walnuss: Es ist von der Nasenwurzel bis zum Nacken in eine linke und eine rechte Hälfte geteilt, die ein wenig tiefer in der Mitte über den „Balken" verbunden sind. Auf jeder Seite der Hirnrinde kann man vier Teile unterscheiden, die „Lappen" heißen: der Frontallappen bzw. das Frontalhirn (Stirnlappen, von der Stirn nach hinten bis fast zur Kopfmitte), der Temporallappen (Schläfenlappen, um das Ohr großräumig nach unten), der Parietallappen (Scheitellappen, großräumig oberhalb des Ohrs) und der Okzipitallappen (Hinterhauptslappen, das untere, relativ kleine Stück oberhalb des Nackens). Diese vier Lappen bilden das, was man die (Groß-)Hirnrinde nennt.

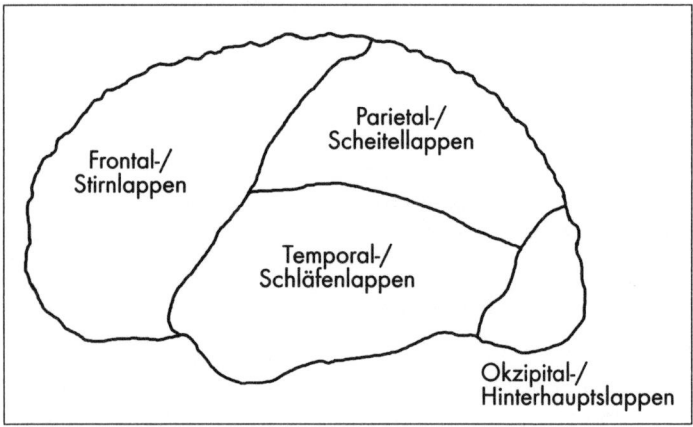

Abbildung 3: Die vier Lappen der Großhirnrinde, schematische Seitenansicht links.

Wenn unser Gedächtnis arbeitet, ist die Hirnrinde meist an mehren Stellen besonders aktiv; dann tauschen diese Stellen Informationen aus. Es gibt noch drei weitere wichtige Strukturen: *Hippocampus, Basalganglien* und *Amygdala*. Hippocampus bedeutet Seepferdchen; genauso sieht dieses Zellbündel auch aus. Es liegt hinter dem Temporallappen im Limbischen System und dort ist auch die Amygdala, die ebenfalls nach ihrer Gestalt heißt (Mandelkern). Die Basalkerne oder Basalganglien liegen etwas tiefer.

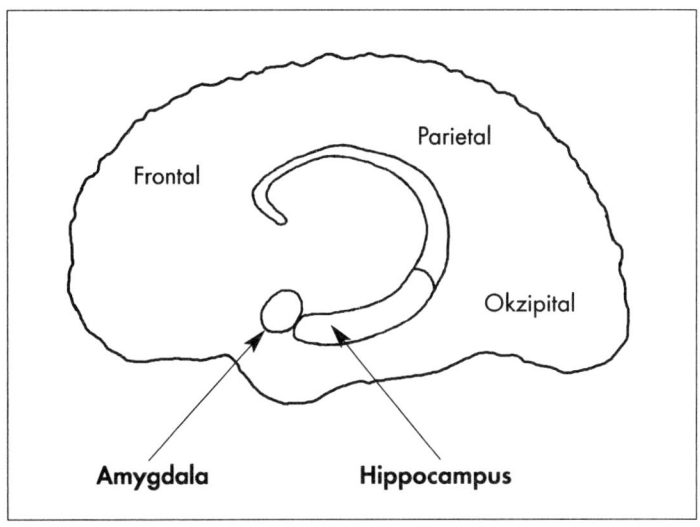

Abbildung 4: Linke Hirnhälfte, schematischer Längsschnitt mit Amygdala und Hippocampus.

Die Nervenzellen sind die kleinsten Einheiten des Zentralnervensystems, die Informationen verarbeiten. Jede Nervenzelle hat einen kompakten Zellkörper; von diesem gehen dünne Fortsätze ab, ein Axon und mehrere Dendriten. Manche Axone werden bis zu einem Meter lang, etwa

45

vom Gehirn bis zum Steißbein. Am Axonende sitzen kleine Puffer, die Synapsen; über sie tritt die Zelle mit anderen Nervenzellen in Kontakt und verschickt Informationen. Die Dendriten sind viel kürzer, dafür verzweigen sie sich stark; über jede Verzweigung nehmen sie Informationen auf. Dendriten orientieren sich gewissermaßen an der Nachfrage: ist das Informationsangebot reichlich, bildet die Nervenzelle viele Dendriten, ist die Umgebung langweilig, wird die Zelle sparsam. Auf diese Weise können Hirnstrukturen wachsen oder schrumpfen.

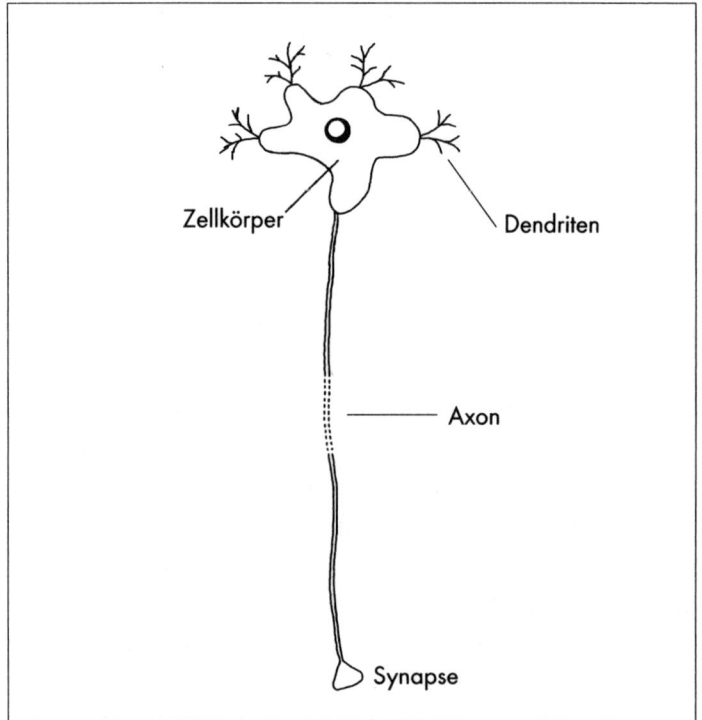

Abbildung 5: Die wichtigsten Bausteine einer Nervenzelle; das Axon ist je nach Zelle unterschiedlich lang.

Nervenzellen haben eine elektrische Spannung, die auch *Potential* heißt. Sie kommt daher, dass sich innen und außen verschieden geladene Ionen anlagern. Deren Zahlenverhältnis wandelt sich ständig, und deshalb ändert sich die Spannung der jeweiligen Gruppe von Nervenzellen. Die Zellen *feuern*. Die Spannungsänderungen an der Großhirnrinde misst das Elektroenzephalogramm (EEG), das Hans Berger aus Jena 1929 serienreif machte. Das EEG sieht auf dem Papier aus wie sehr schnelle, aber unregelmäßige Sinus-Wellen. Im Tiefschlaf ist die Frequenz nur zwei Mal pro Sekunde, wenn wir wach und konzentriert sind, zwölf bis sechzehn Mal. Deshalb kann man am EEG ablesen, wie intensiv wir tun, was wir tun. Dabei feuern je nach Tätigkeit immer nur bestimmte Teile der Hirnrinde.

Ein normales EEG zeichnet nur die Aktivität der Hirnrinde auf, nicht die der tiefer liegenden Hirnstrukturen. Die einzige Chance, dort etwas zu sehen, ohne Elektroden direkt ins Hirn einzuführen, bieten die neuen *bildgebenden Verfahren* PET (Positronen-Emissions-Tomographie) und fMRI (funktionelle Magnet-Resonanz-Tomographie). PET misst, wieviel Stoffwechselprodukte an den einzelnen Stellen vorhanden sind, etwa Zucker. FMRI erfasst, wieviel Sauerstoff das Blut in den verschiedenen Hirnregionen enthält. Ist eine Gehirnregion besonders aktiv, so werden mehr Sauerstoff und Stoffwechselprodukte in diese Region befördert und dort verbraucht. Konzentrieren sich also irgendwo im Gehirn Sauerstoff oder Stoffwechselprodukte, dann zeigt das an, dass das Gehirn dort gerade intensiv beschäftigt ist. Wie Computertomographien (CTs) liefern PET und fMRI Fotos, die so aussehen, als hätte man das Gehirn etwa 15 Mal quer durchgeschnitten und die Schnittfläche abgebildet. Aber im Gegensatz zum CT sind die Bilder bunt; je nach Polung sind die besonders aktiven Hirnareale entweder tiefrot oder sehr hell.

Gedächtnis im Hirn

Wer prüfen will, wo das Gedächtnis wohnt, braucht eine neurowissenschaftliche Messmethode wie EEG, PET oder fMRI. Aber sie allein sagt wenig aus. Erst eine psychologische Idee, welche Art Gedächtnisleistung im Fokus stehen und wie sie gemessen werden soll, ermöglicht schließlich Aussagen über *das* Gedächtnis. Insofern hätten die schönen Methoden zu Ebbinghaus' Zeiten nicht gar viel gebracht – Gedächtnistests gab es noch nicht, und man hätte sowieso alle Gedächtnisarten in einen Topf geworfen, selbst Kurz- und Langzeitgedächtnis; von *explizit* und *implizit* ganz zu schweigen.

Der *Hippocampus* ist aktiv, sobald wir uns mit deklarativem Stoff beschäftigen. Aber die Hippocampuszellen behalten die Informationen nicht, sie geben sie ständig ans Frontalhirn weiter, episodische Informationen auch an den Scheitellappen, visuelle immer erstmal an das Hinterhaupt. Von dort werden sie noch mehrfach hin- und hergeschoben, bis sie sich als Langzeitgedächtnis *konsolidiert* haben. Das kann man als eine Art Spur betrachten, aber nicht als Schublade mit Inhalt. Es besteht eher aus weit verstreuten Informationsnetzen. Sie werden jedes Mal aktiv, wenn wir auf die darin gespeicherten Inhalte zugreifen. Dann kommt das Material in den Hippocampus zurück und das Gedächtnis kann damit hantieren.

Prozedurale Informationen werden dagegen in den *Basalganglien* zwischengespeichert. Die Basalganglien gewährleisten, dass wir uns gezielt bewegen können, sie sind immer beteiligt, wenn wir Bewegungen bzw. Fertigkeiten lernen und trainieren. Dabei ergeht es prozeduralen Informationen in den Basalganglien ähnlich wie deklarativen im Hippocampus. Sie bleiben nicht dort, sondern werden innerhalb der Großhirnrinde mehrfach hin- und hertransportiert.

Die *Amygdala*, der Mandelkern, hat viele Funktionen. Eine der wichtigsten scheint zu sein, dass sie alle Informationen gefühlsmäßig bewertet. Das können neue Informationen aus den Sinnesorganen sein, etwa Bilder, Sätze oder Schmerzen, aber auch Gedanken. Es heißt häufig, die Amygdala sei das Gefühlszentrum. Das ist insoweit korrekt, als sie jedes Geschehen danach bewertet, ob es angenehm ist oder nicht. Vor allem aber reagiert sie extrem schnell auf Gefahr, und zwar mit Angst. Erinnern wir uns deshalb an ein Ereignis, das uns Angst eingejagt hat, dann ist die Amygdala wieder mit dabei – samt der damals empfundenen Angst.

Gedächtnis ist also keine Substanz und belegt auch keinen festen Ort. Man stellt es sich eher vor als einen momentanen Zustand des Gehirns, als Aktivität bestimmter Hirnstrukturen und nicht als die Strukturen selbst.

Neuropsychologische Blitzlichter

Für bestimmte Fähigkeiten werden trotzdem spezielle Hirn-regionen benötigt. Selbst die entscheidende Rolle des Hippocampus kannte man schon, bevor PET das im Bild belegen konnte. Man kannte sie seit 1953. Damals hatten William Scoville und Brenda Milner aus Kalifornien ihren Patienten HM vorgestellt, der seit 1953 ohne Hippocampus lebte. Scoville war Neurochirurg und Milner, die Neuropsychologin, war verantwortlich für Tests zur geistigen Leistungsfähigkeit.

In den 50er-Jahren des 20. Jahrhunderts war eine eher rustikale Psychochirurgie weit verbreitet. Vor allem Patienten mit schweren, unbehandelbaren Epilepsien ließen sich operieren, um endlich ihre Krankheit loszuwerden. Tatsächlich ist Epilepsie ziemlich gefährlich. Schwere Krampfanfälle des ganzen Gehirns werfen die Patienten zu Boden, und dabei können sie sich massiv verletzen. Es gibt immer einen *Herd* der Epilepsie, das ist die Stelle, von der die Krämpfe ausgehen. Falls der Herd in einem Hirnteil saß, den man für zweitrangig hielt, schaltete man ihn operativ aus.

HM war damals 27 Jahre alt und hatte seit seinem 10. Lebensjahr unter schwersten Krampfanfällen gelitten. Der Herd lag im Hippocampus, verursachte jede Woche einen großen Anfall und täglich zehn kleine. In seiner Not ließ sich HM den Hippocampus operativ entfernen. Danach waren die Anfälle planmäßig verschwunden. Der „Erfolg" war trotzdem eine Katastrophe: HM hatte schwerste Gedächtniseinbußen. Er konnte keine einzige neue Information mehr bewusst und explizit abspeichern. So erkannte er keine neuen Gesichter, merkte sich weder, was er eine Stunde zuvor gegessen, noch, wer was getan hatte, von Auswendiglernen ganz zu schweigen. Dabei konnte er sich völlig korrekt an alles erinnern, was er bis zur Operation eingespeichert hatte. Er war sich seiner Lage dramatisch bewusst und sagte selbst, er lebe jeden Tag völlig singulär und neu. Sein Intelligenzquotient (IQ) stieg zunächst sogar ein wenig. Er wurde einer der berühmtesten neuropsychologischen Patienten überhaupt.

Später hätte natürlich niemand mehr eine solche Operation gemacht. Aber erst HMs Geschichte lehrte die Neurologen und Gedächtnisforscher, dass wir den Hippocampus brauchen, um neue Informationen aufzunehmen. Heutige Studien mit bildgebenden Verfahren bei Gesunden sind noch genauer: Sie bestätigen, dass der Hippocampus vor allem für deklaratives Material zuständig ist. Sogar das konnte man schon an HM sehen. Das, was man später implizites Gedächtnis nannte, funktionierte nämlich ziemlich normal: Bei Geschicklichkeitsaufgaben verbesserte er seine Leistung wie andere Leute auch. Er wusste es nur nicht, er konnte sich nie daran erinnern, diese Aufgabe schon einmal erledigt zu haben.

Auch ohne die alte Psychochirurgie gibt es neuropsychologische Patienten; sie haben auf anderen Wegen eine Schädigung des Gehirns erlitten, etwa durch einen Schlaganfall, eine Blutung oder einen Unfall. Die bildgebenden Verfahren zeigen, an welcher Stelle das Hirn geschädigt ist, auch kleinere Einheiten als bei HM. Dann geht man im Prinzip vor wie bei HM. Aus der Tatsache, dass HM nichts Neues speicherte, konnte man berechtigt schließen: Der Hippocampus ist notwendig für das deklarative Gedächtnis. Das klärt noch nicht, ob er auch hinreichend dafür ist, ob wir nicht noch eine weitere Hirnstruktur brauchen, um diese Leistung zu erbringen. Der Bielefelder Neuropsychologe Hans Markowitsch benutzt dafür das Bild vom schwächsten Glied der Kette: Zerbricht es, dann hält die Kette zwar nichts mehr, aber es war trotzdem nicht das einzige. Dann muss man weitersuchen.

Autonome Konsolidierung im Schlaf

Wenn Langzeitgedächtnis etwas damit zu tun hat, dass das Gehirn Informationen mehrfach hin und her schiebt, dann müsste es davon profitieren, wenn es dabei eine Zeitlang nicht gestört würde. So eine Zeit gibt es: die Nacht. Und tatsächlich kam in den letzten Jahren eine Idee wieder in Mode, die schon die Römer vertraten und die man Anfang des 20. Jahrhunderts intensiv diskutierte: konsolidiert sich im Schlaf das Gedächtnis?

Lange kam Widersprüchliches heraus, wenn man das testete. Das hatte einerseits damit zu tun, dass man alle Gedächtnisaufgaben in den gleichen Topf warf. Andererseits konnte man den Schlaf nicht messen, und das erschwerte es naturgemäß, Zusammenhänge zu belegen. Um ihn zu messen, braucht man das EEG, das war bis 1929 nicht verfügbar. Im Schlaf feuert die Hirnrinde langsamer als im Wachen. Die Frequenz ist im Tiefschlaf ein bis zwei Schwingungen in der Sekunde, im leichteren Schlaf höchstens sieben. 1953 fanden dann Eugene Aserinsky und William Dement in Chicago den REM-Schlaf – REM steht für *Rapid Eye Movement*. Im REM feuert das Hirn wie im Leichtschlaf, die Augen bewegen sich schnell hin und her, doch der übrige Körper ist gelähmt. Im REM träumen wir fast immer. Der Schlaf ist in Zyklen von etwa 90 Minuten organisiert. Jeder Schlafzyklus beginnt mit langsamen Wellen und wechselt später in REM. Etwa fünf solcher Zyklen durchlaufen wir in einer Nacht.[2]

Erst seit 20 Jahren kann man das Schlaf-EEG an vielen verschiedenen Stellen des Kopfes gleichzeitig ableiten. Auch nicht länger ist es her, dass man den Anteil der langsamen Tiefschlafwellen berechnen kann, statt ihn nur visuell zu schätzen. Neben den gedächtnispsychologischen haben erst diese technischen Entwicklungen ermöglicht, dass es neuerdings klarere Aussagen zu Schlaf und Gedächtnis gibt. Heute sind Jan Born aus Lübeck und Robert Stickgold aus Harvard die beiden bekanntesten Forscher zum Thema. Nach ihren Erkenntnissen sieht es so aus, als konsolidierten die verschiedenen Schlafstadien auch verschiedene Gedächtnisinhalte.

Lernen Versuchspersonen abends Zahlen auswendig oder eine Wörterliste und schlafen anschließend, dann ist ihre explizite Gedächtnisleistung bis zum Morgen besser geworden; falls sie denn genug Tiefschlaf hatten. Trainieren

---

[2] Mehr zum Schlaf finden Sie in „Die kleine Schlafschule" (Literaturliste).

die Leute dagegen eine schwierigere feinmotorische Aufgabe – so etwas ist immer prozedural-implizit –, dann ist es der REM-Schlaf, der das Gelernte konsolidiert. Der Schluss: Die Gedächtnisspuren für implizite Aufgaben konsolidieren sich im Traum, die für Deklarativ-Explizites im Tiefschlaf.

Es dauert allerdings ein paar Nächte, bis die Inhalte nachhaltig konsolidiert sind. Wir müssen mehrmals drüber schlafen, bis der Lerninhalt „sitzt", andernfalls hätte Ebbinghaus seine Listen nicht immer wieder vergessen. So bringt eine gute Nacht mit Tiefschlaf und REM auf jeden Fall Erholung, gute Laune und die Fitness, Neues *aufzunehmen*. Zusätzlich trägt sie vermutlich dazu bei, dass sich konsolidiert, was wir gelernt haben.

5. Und die Gefühle?

Was sonst noch zur Gedächtnisleistung beiträgt

Gute Gefühle verbessern das Gedächtnis, und Dope sowieso. Logisch? Schließlich sorgen im 21. Jahrhundert Pillen für gute Stimmung, dopen sportliche Höchstleistungen und bringen alten Männern Jugendfreuden wieder. Positive Gefühle wiederum betrachten vor allem Eltern als entscheidend dafür, dass ihre Kinder gut lernen, unabhängig von Pillen. Ob Gefühle oder Dope: Es handelt sich um äußere Bedingungen, die das Gedächtnis beeinflussen können.

Lernen mit Gefühl

Die Intuition sagt, dass unsere Gedächtnisleistung mit der Laune steigt und fällt. Das ist das eine. Das andere ist die Wissenschaft. Die stellt sich immer erstmal dumm, und manchmal prüft sie dann die Intuition empirisch. Beim Thema *Gedächtnis und Emotion* war sie dabei ziemlich fleißig, vielleicht, weil diese Intuition einfach jeder hat.

Eines hat die Forschung zweifelsfrei belegt: Erleben wir etwas, was uns freut oder ärgert, bleibt es besser im Gedächtnis als etwas Neutrales. Das Gefühl macht es eindeutig und unverwechselbar, und so ragt es hervor aus dem Strom des Lebens. Später wirkt das ursprüngliche Gefühl als Hinweisreiz, an dem sich die Erinnerung orientieren kann. Andererseits beteiligen Gefühle automatisch die Amygdala – vor allem, wenn es sich um Angst und Furcht dreht. Die Amygdala verankert das Ganze noch einmal als emotionale Erinnerung im Langzeitgedächtnis, und die kommt wieder mit hervor, wenn wir die ganze Episode abrufen.

In Beruf und Schule allerdings geht es nicht um Episoden aus unserem Leben, sondern um semantisches Gedächtnis, um Fakten. Nun sind Fakten genauso deklarativ wie Episoden und beide nutzen im Hirn erstmal die gleichen Bahnen. Die Einflüsse der Gefühle könnten also durchaus ähnlich sein. Intuitiv vermuten wir, dass Gedächtnis für Bildungsstoff und Arbeitsinhalte ähnlich von Emotionen abhängt wie für Autobiographisches. Allerdings nehmen wir heute an, dass es sich genau umgekehrt verhält wie bei dem alten Spruch: „Der Mensch lernt nur bei Angst und Druck."

Wenn wir Fakten lernen, ist eines prinzipiell anders als beim Gedächtnis für die Lebensgeschichte. Die Gefühle sind dann nicht Teil des Inhalts, sondern sie begleiten die Gedächtnisvorgänge *Aufnahme* und *Abruf*. Wie weit diese Vorgänge durch Gefühle moduliert werden, ist schwieriger zu prüfen als bei Autobiographischem. Zunächst müssen die Teilnehmer bei so einem Versuch in die entsprechende Stimmung kommen. Dafür zeigt man ihnen meist erst einen Film; der rührt entweder positiv emotional an oder es geht darin gefährlich oder blutig zu. Alternativ bittet man die Leute, sich in eine Situation ihres Lebens zurückzuversetzen, als sie sich freuten oder ärgerten, Angst hatten oder traurig waren. Das Experiment mit dem Gedächtnis beginnt, sobald sie das anvisierte Gefühl erleben.

Dem Gedächtnis ist es tatsächlich nicht egal, wie wir während der Aufnahme gestimmt sind. Wenn es uns gut geht, dann bleibt vor allem die große Linie gut im Kopf; dann merken wir uns die verzwickte Geschichte eines Shakespeare-Dramas mühelos. Angenehme Wörter behalten wir dann auch besonders gut. Sind wir dagegen traurig, dann bleiben unangenehme Inhalte und Wörter besser im Gedächtnis. Ganz allgemein stören uns negative Emotionen dabei, das Wesentliche zu behalten; statt dessen bleiben uns Ausschnitte im Kopf, manchmal gar nur unwichtige Einzelheiten.

Am besten zeigt all das die Angst. Wer Angst hat, nimmt weniger präzise wahr, und das auch noch selektiv. Wir blenden dabei nämlich Neutrales oder Positives aus und stürzen uns dafür auf alles, was nach Angst riecht. Wer dabei selbst Angst bekommt – und sei es nur im Kino –, erinnert sich präziser an die Waffe als den Mörder. Das übrige Geschehen bleibt reichlich vage, die Erinnerung erst recht, und anfällig für Suggestionen ist sie allemal. Noch stärker ist der Effekt natürlich, wenn wir die Gefahr persönlich erleben. Manchen Kindern geht es in der Schule so – sie haben Angst; die Folge: Sie nehmen den Stoff nicht vollständig auf. Ähnlich machen Angestellte Fehler, die ständig fürchten, etwas falsch zu machen, deshalb gefeuert zu werden und langfristig zu verhungern.

Besonders häufig hat man untersucht, wie Anspannung, Druck und Stress das Gedächtnis beeinflussen. Psychischer Druck macht nicht von vorneherein Angst, aber er beeinträchtigt sofort die Neugier. Dann kann das Arbeitsgedächtnis weniger Information vorhalten; das macht geistig unbeweglich, und ins Langzeitgedächtnis gelangt auch weniger. Selbst wenn Sie etwa „nur" gut abwägen wollen, ob Sie den Job wechseln, müssen Sie viele Informationen gleichzeitig berücksichtigen. Dafür brauchen Sie ein gutes Arbeitsgedächtnis und Kreativität, die ja nicht zuletzt darin besteht, Informationen neu zusammenzufügen. Dass Stress das Lernen beeinträchtigt, ist jedenfalls gut belegt. Trotzdem verbreiten noch heute viele Pädagogik-Bücher das Märchen, Kinder bräuchten eine gewisse Menge Stress. Zwar beeinträchtige zu viel davon das Gedächtnis, doch gar kein Stress sei genauso schlecht. Das Schlagwort dazu heißt *Yerkes-Dodson-Gesetz*. Die Untersuchungen, die dem zugrundeliegen, sind übrigens hundert Jahre alt und galten für männliche Ratten.

Auch wenn die Sache mit den positiven Gefühlen nicht perfekt belegt ist – eines kann man unbesehen aus alledem schließen: Wer Menschen das Gedächtnis erleichtern will, sollte ihnen keinen Anlass zu Angst und Stress geben. Der Rest findet sich.

Psychisches Trauma

Tsunami, Erdbeben, Krieg, ein Verbrechen, manchmal auch eine Operation – eine persönliche Katastrophe ist mehr als Stress. Sie traumatisiert. Ein psychisches Trauma erschüttert unser Gefühl persönlicher Integrität in den Grundfesten. Manche Betroffenen fühlen sich dabei so verletzt und hilflos, dass sie später ein *posttraumatisches Stress-Syndrom* entwickeln, abgekürzt PTSD, von *posttraumatic stress disorder.* So rechnen die Amerikaner damit, dass langfristig einer von sieben im Irak stationierten US-Soldaten an PTSD leiden wird. PTSD, diese Mischung aus Schlafstörungen, Angst, Grübelei und gedrückter Stimmung, katapultiert die Betroffenen aus ihrem normalen Leben und macht sie oft arbeitsunfähig. Ein weiteres Merkmal ist gedächtnistechnischer Natur: Einzelheiten des traumatischen Ereignisses poppen sich immer wieder ins Bewusstsein.

Intrusive Erinnerung nennt man das. Die drängt sich ungefragt auf, heftig und distanzlos, oft nach harmlosen Hinweisreizen; so kann der Geruch des nachbarlichen Gartengrills das Kriegstrauma hervorholen – implizit und zwingend. Immer wieder die gleiche Szene wiederholt sich vor dem inneren Auge, ohne Änderung und sehr schematisch. Bei einer intrusiven Erinnerung fehlt genau das, was typisch *episodisch* wäre: das Gefühl der Zeitreise. Höchst aktuell ist die Horrorszene für die Betroffenen, ein kleiner Ausschnitt mit dem Allerschrecklichsten. Dem Entsetzen fühlen sie sich ausgeliefert wie beim Original; genau wie damals fehlt der Rest der Geschichte. Die haben sie nicht im Kopf, weil sie damals schon vor lauter Angst nur Teile des Geschehens aufnehmen und speichern konnten. Sobald die Szene wieder auftaucht, konsolidiert sie sich auch noch in der alten Form. Ein Teufelskreis.

Die Londoner Psychologin Anke Ehlers und ihre Mitarbeiter haben eine hochwirksame Therapieform für PTSD entwickelt, die mit dem Aspekt Gedächtnis arbeitet. Die Patienten lernen dabei, „damals" von „jetzt" genau zu unterscheiden, und sie lernen zu korrigieren, was sie damals möglicherweise unzureichend interpretierten. Ehlers berichtet etwa von einem Motorradfahrer, der von einem Auto durch die Luft geschleudert wurde. Dieses Fliegen durch die Luft war Inhalt der intrusiven Erinnerung – einschließlich des damaligen Horrors, beim Aufprall in Einzelteile zu zerbersten und zu sterben. In der Therapie lernte der Betroffene, die damalige Angst von der echten Situation zu unterscheiden: Er ist nicht gestorben, ja sogar körperlich unversehrt. Außerdem lernte er sich vorzustellen, dass sich die Einzelteile nach dem Aufprall zusammenfügten und er davonging.

Mit dieser Methode weitet sich die Erinnerung. Die Patienten entwickeln aus dem scharf eingebrannten Punkt die ausgearbeitete Geschichte. Damit wird das Ereignis dem episodischen Gedächtnis einverleibt. Echte Episoden poppen nicht ungefragt auf; wir erinnern uns absichtlich an sie und wissen dabei, dass sie vorbei sind.

Erinnern, Vergessen und die Chemie dabei

Gedächtnis bildet sich, indem die Nervenzellen im Gehirn Informationen austauschen. *Neurotransmitter* heißen die körpereigenen Substanzen, die das erledigen, und diverse Hormone können es intensivieren oder behindern. Sie alle spielen extrem fein und verästelt zusammen. Wie sie das tun, versteht man bisher erst teilweise. Manche Stoffe beeinflussen nur bestimmte Formen des Gedächtnisses, manche sind eher bei der Enkodierung aktiv, manche bei der Speicherung, manche beim Abruf.

Acetylcholin, *Dopamin* und *Kortisol* heißen die körpereigenen Substanzen, die beim Gedächtnis eine besondere Rolle spielen. *Kortisol* gehört zu den Stresshormonen. Es beeinträchtigt das deklarative Gedächtnis und unsere Fähigkeit, aus Schaden klug zu werden. Bei Tieren verkleinert Kortisol sogar den Hippocampus bzw. seine Zellenzahl. *Dopamin* beeinflusst teilweise die Stimmung, wirkt aber auch auf die Basalganglien und erleichtert prozedurales Gedächtnis; *Acetylcholin* fördert das deklarative Gedächtnis.

Gedächtnisstörungen sind vielfältig. Keine beruht darauf, dass isoliert eine Gedächtnis-Substanz fehlen würde. Das ist sicher ein Grund, warum es bisher nur teilweise erfolgreich war, den Betroffenen mit körpereigenen Stoffen zu helfen. Ein wenig einfacher könnte die umgekehrte Variante sein. So versuchte man, das punktuell extreme Gedächtnis bei PTSD mit Kortisol zu entschärfen. Das stört die Konsolidierung und könnte so verhindern, dass sich intrusive Erinnerungen bilden. Erste Versuche zeigen: Es könnte funktionieren. Der natürliche Preis liegt auf der Hand: Das Kortisol schwächt jede andere Gedächtnisleistung, solange man es einnimmt.

Und was ist mit Gedächtnis-Dope für Gesunde, der wirksamen Pille ohne Nebenwirkungen? Bisher hat sie niemand gefunden. Es dürfte auch schwierig sein, schließlich sind an den Gedächtnisprozessen so viele Hirnstrukturen und Substanzen beteiligt, dass man für alles eigene Pillen bräuchte. Die zweite Grenze: Die Gedächtnispille wäre wie Doping im Sport. Das ersetzt kein Training, aber es intensiviert die Ergebnisse; wenn viele Menschen plötzlich besser werden, steigert es die Normwerte. So könnte eine Pille fürs Vokabellernen den Enkodierungsprozess nicht ersetzen, aber abkürzen: Pillennutzer könnten mehr Vokabeln in weniger Durchgängen lernen. Damit würden sie schnell Normalsterbliche abhängen, die sich nicht dopen wollen oder können. Die einschlägigen Ethikgremien der Medizin befassen sich schon damit, ob und in welchem Umfang so etwas überhaupt ethisch zu vertreten ist. Pate stehen die Erfahrungen mit Doping im Sport.

Auf der anderen Seite nehmen Menschen seit jeher Drogen aller Art, um sich das Leben zu verschönern. Alltagsdrogen sind Alkohol, Nikotin, Koffein und pharmakologische Substanzen. Harte Drogen sind spektakulär, auch spektakulär gefährlich und deshalb mit Recht verboten; eine ihrer Nebenwirkungen: Sie beeinträchtigen das Gedächtnis massiv.

Nikotin und Koffein behindern das Gedächtnis nicht. Wer an Kaffee gewöhnt und über 50 ist, kann sich zum Lernen sogar ganz gezielt eine mittlere Dosis Koffein gönnen: im Tief am Nachmittag lernt er oder sie dann Wörterlisten nachweislich schneller. Die üblichen Beruhigungsmittel – Benzodiazepine – besänftigen zwar das Stresserleben, doch dem Gedächtnis hilft das nichts, im Gegenteil: Sie behindern deklarative Gedächtnisleistungen direkt.

Bleibt der Alkohol, unsere wichtigste Alltagsdroge. Der wirkt sich sehr wohl auf das Gedächtnis aus, wobei Frauen weniger Alkohol vertragen als Männer. Mit wenig Alkohol im Blut können wir zwar immer noch Wörterlisten sortieren; doch während wir uns normalerweise nebenbei die Wörter einprägen, klappt das mit Alkohol kaum mehr. Je mehr Alkohol, umso schlechter die Gedächtnisleistung, und bei Marihuana und dem angeblich so harmlosen Ecstasy ist es ganz genauso. Wer es schafft, sich in leicht alkoholisiertem Zustand etwas einzuprägen, erinnert sich besonders gut daran, wenn er wieder genauso viel getrunken hat; das ist eine Form des *zustandsabhängigen Lernens*.

Einen gefährlichen Nebeneffekt beim Alkohol kennen wir alle: er wirkt früher, als wir uns das eingestehen, bei manchen sehr viel früher. In einer Studie der Arbeitsgruppe von Thomas Roehrs aus Detroit gaben die Leute erst bei einer Dosis von 0,9 g/kg Körpergewicht zu, dass ihr Gedächtnis nicht wie normal funktionierte. Das sind gut zwei Schoppen Wein oder anderthalb Liter Bier für eine 70 kg schwere Person.

Mit Ausnahme von Koffein tun diese chemischen Substanzen also allerlei, nur eines nicht: das Gedächtnis *verbessern*. Im Gegenteil: Wir können das Gedächtnis mit fast allen Drogen *behindern*. Insofern helfen wir ihm ganz schlicht, indem wir wenig davon konsumieren.

Die beste Umwelt fürs Gedächtnis

Roehrs' Gruppe interessierte sich nur in zweiter Linie für den Alkohol, ihr Hauptinteresse galt dem Schlafentzug. Deshalb schlief die Hälfte der Versuchspersonen entweder gar nicht oder nur sechs, vier oder zwei Stunden. Morgens machten beide Gruppen die gleichen Tests. Je kürzer sie geschlafen hatten, umso schlechter war die Gedächtnisleistung, und wer die Nacht vollständig durchwacht hatte, war ähnlich schlecht wie Leute mit der 0,9-g-Dosis Alkohol. Die Übernächtigten schätzten allerdings ihre eigene schlechte Leistung recht korrekt ein, anders als die Alkoholisierten.

Es ist häufig untersucht und gut belegt: Wenn wir müde sind, funktioniert das Arbeitsgedächtnis schlechter und wir können uns weniger einprägen. Wer den eigenen Schlaf pflegt – und den seiner Kinder –, hilft also dem Gedächtnis schon fürs Einprägen, nicht erst für die Konsolidierung. Doch auch nach einer guten Nacht sind wir tagsüber nicht gleichmäßig leistungsfähig. Zwischendurch werden wir müde, und dann können wir uns auch weniger merken[3].

---

[3] Mehr zum Umgang mit der Tagesfitness finden Sie in „Wach und fit" (Literaturliste).

Besonders müde und leistungsschwach sind wir mittags gegen 13 Uhr, die beiden anderen Tiefs – vier Stunden davor und vier später – sind nicht ganz so zwingend. Während der Tiefs arbeitet das Gedächtnis schlechter, und wenn wir es in diesen Zeiten strapazieren, wundern wir uns, wieso es „schon wieder schlechter" wurde.

Neues aufnehmen und speichern, das tut das Kinderhirn am liebsten, sagt der Ulmer Psychiater Manfred Spitzer. Mit dieser psychologisch-neurowissenschaftlichen Botschaft füllt er ganze Turnhallen und scheint vor allem Eltern zu ermutigen. Bestandteil der Botschaft: Wir brauchen nicht künstlich die Motivation zu fördern; notwendig ist vor allem ein positives geistig-emotionales Klima. Das ist gut belegt: Das Gedächtnis arbeitet von selbst gut und verlässlich, solange es von der inneren und äußeren Umwelt *nicht* versehentlich behindert wird.

Faktisch passiert genau das ständig. Überall ist es heute laut, bunt, voll und bewegt, die Stille gilt als schrecklich, und etwas zu verpassen auch. Vieles davon gehört in eine Schublade, die im Alltag *multitasking* heißt und in der Forschung *geteilte Aufmerksamkeit*. Voll aufmerksam sind wir, wenn wir uns genau auf *eine* Sache konzentrieren. Sobald wir uns zwei oder mehr Themen widmen, *teilen* wir die Aufmerksamkeit – etwa, wenn wir beim Telefonieren lesen, beim Fernsehen rechnen oder beim Briefschreiben am Nachbarcomputer noch etwas überwachen.

In wissenschaftlichen Versuchen zur geteilten Aufmerksamkeit drücken die Leute einen Knopf, sobald ein Ton sich ändert oder auf dem Bildschirm nebenan etwas Bestimmtes aufblinkt – während sie eigentlich etwas lernen. Teilt eine Versuchsperson ihre Aufmerksamkeit auf diese Weise, dann leistet sie in einer deklarativen Gedächtnisaufgabe deutlich weniger, als wenn sie voll konzentriert wäre; es behindert das Arbeitsgedächtnis, wenn wir die Aufmerksamkeit teilen.

Es klingt banal: Das Gedächtnis arbeitet dann gut, wenn wir uns wach und fit auf unsere Aufgabe konzentrieren, wenn die Umgebung visuell und akustisch ruhig ist, wenn wir gelassen sind und mit Freude statt mit Angst handeln. Das geht von selbst und ohne besondere Kosten.

6. Der Knoten im Taschentuch
Trainings, Tricks und Mnemotechnik

Ein bisschen verschämt wirkte er schon, der freundliche Mann mit den Lachfalten und dem sonnengebräunten Gesicht, als er nach dem Vortrag auf mich zukam. Er wollte es einfach ganz persönlich hören: „Das Unterbewusstsein lernt also nicht von ganz alleine, wenn ich die richtige CD laufen lasse?", fragte er. Wäre er die englische Königin gewesen, hätte ihn meine Antwort nicht *amused*: „Nein, deklarative Inhalte müssen Sie im Normalfall bewusst aufnehmen." Er aber lächelte und sagte: „Schade, es wär' so schön gewesen; aber ich verstehe schon."

Lernen ohne Mühe?

Dann geht alles wie von selbst – mit diesem Werbespruch brachten die 1970er-Jahre die Idee des Schlaraffenlandes neu auf den Punkt. Sie entwickelten sogar eine Gedächtnisvariante davon: *Superlearning*. Es beruft sich auf das dritte Prinzip der Suggestopädie. Diese pädagogische Theorie des bulgarischen Psychiaters Lozanov hat drei Prinzipien: eine gute Lehrer-Schüler-Beziehung, anregenden Unterricht und Hintergrundmusik. Lozanov verlangt also – gedächtnispsychologisch völlig richtig –, das Material gut zu strukturieren, Vertrauen zu fördern und Angst zu vermeiden. Hintergrundmusik dagegen ist durchaus fragwürdig, Sie finden mehr dazu im achten Kapitel. Und doch ist ausgerechnet sie die Basis von *Superlearning*. Dort lauschen die Leute im Selbststudium gleichzeitig sanfter Musik und dem Lernstoff, bevorzugt Fremdsprachen. Dabei soll das Hirn den Stoff *ganz von selbst* einspeichern. Die theoretische Begründung ist ein wenig abenteuerlich[4], was nicht schaden würde, wäre die Wirkung wissenschaftlich belegt. Das aber ist sie nicht.

Andererseits: Falls wir wach und fit sind und das Gedächtnis nicht stören, arbeitet es sehr wohl von selbst, jedenfalls bis zu einem gewissen Grad. Wir müssen uns dafür bloß auf unsere aktuelle Aufgabe konzentrieren, ohne multi-tasking und ohne zu überlegen, ob wir es auch schaffen werden. Das ist der erste Gedächtnistrick, und es ist der wichtigste. Wir können uns leichter konzentrieren, wenn wir nur eine Sache tun und die äußeren Bedingungen so gestalten, dass sie keine Aufmerksamkeit abziehen – wenige Töne, keine Musik, keine Filme, keine telefonierenden Kollegen (ich weiß: das ist unmöglich). In Großraumbüros verhindern Stellwände nicht nur, dass Sie visuell abgelenkt werden, sie erleichtern es auch, wegzuhören.

Bis wir etwas wirklich semantisch *wissen*, müssen wir es trotzdem gelegentlich wiederholen, damit es nicht einfach verblasst wie alte Fotos; das ist aktives Lernen, und es ist

---

[4] Demnach entspanne die Musik, aktiviere die „rechte Gehirnhälfte" und „gleiche" so die Aktivität der beiden Hirnhälften aus. Auf diese Weise werde die linke zum besseren Lernen angeregt. Das ist einfach falsch.

typisch deklarativ. Es geht nicht ganz ohne Mühe; aber wir können sie geringer halten oder wirksamer machen.

Wir brauchen dafür bloß zu nutzen, was wir über das Gedächtnis wissen; das bestätigt nebenbei, was wir von alten Kulturen über deren Gedächtnistechniken wissen. Schließlich überlieferten sie ihre Literatur vorwiegend mündlich, und das ausgesprochen zuverlässig. Deklamiert dauern die alten Epen Stunden bis Tage, das indische *Mahabharata* noch länger als die griechische *Odyssee* oder das mittelhochdeutsche *Nibelungenlied*.

Eine Methode, sie leichter auswendig zu lernen, lag direkt in diesen Texten: Sie enthielten viele Hinweisreize, sodass die Sänger sie beim Lernen gut enkodieren und beim Abrufen leicht wiederfinden konnten. Auf der akustischen Ebene waren sie gereimt oder rhythmisch, und oft wurden sie gesungen. So konnte die Erinnerung an Rhythmus und Melodie das Gedächtnis für den Text bahnen. Semantisch waren sie gut gegliedert, teilweise mit Zwischenüberschriften. Die großen Texte Indiens – nicht nur Poetisches wie das Mahabharata, sondern auch der knochentrockene buddhistische Kanon – enthalten außerdem Aufzählungen jeder Art: erstens, zweitens, drittens.

Im Alten Rom schrieben dann Rhetorik-Lehrer auf, wie das Gedächtnis der Redner zu schulen ist, und wie die Rede selbst dazu beitragen könnte. Der berühmteste Autor neben Cicero war Quintilian (Lebensdaten: 30–96). Damit ein Redner im Ernstfall nichts vergesse, empfahl Quintilian, die Rede selbst strengstens logisch zu gliedern. Einzelne

Passagen sollten mit bildlichen Vorstellungen verknüpfbar sein, die dann als Hinweisreize dienen könnten. Außerdem führte er ein Prinzip ein, das Ebbinghaus' Vergessenskurve später bestätigen sollte: Wiederhole nicht immer wieder den ganzen Stoff, sondern ganz gezielt das, worüber du noch stolperst. Dafür nutzen wir heute den *Zettelkasten* mit drei Abteilen: im ersten stehen die Inhalte, die wir bereits vollständig beherrschen, im nächsten die wackligen, im dritten neue oder besonders schwierige. Gelernt wird dann erst das Neue, bis es ins Abteil zwei passt, und dann das, was bereits in Abteil zwei lag. Ganz allgemein empfiehlt Quintilian den Rednern, sich stetig im Auswendiglernen zu üben. Heute würde man sagen: Das trainiert das Arbeitsgedächtnis und schleift die Techniken ein, die wir verwenden.

Gedächtnis- oder Mnemotechniken

Mnemotechniken heißen so nach dem ersten Namensbestandteil der griechischen Gedächtnisgöttin Mnemosyne. Wir können damit das Material so verschlüsseln, dass viel mehr davon im Gedächtnis bleibt als normal, und das auch noch leichter. Mnemotechniken sind das Handwerkszeug bei Gedächtnismeisterschaften. Sie verlangen allerdings Übung und wenn Sie sich damit befassen, dauert es eine Weile, bis Sie sie beherrschen.

Die erste Technik ist, Wörter mit Gegenständen oder Bildern zu *assoziieren*; assoziieren heißt zusammenbringen, und darin steckt das lateinische Wort *socius*, Gefährte. Eine

Assoziation kann völlig unabhängig von der Bedeutung sein; das Bild muss nur passen und sich später sofort aufdrängen, wenn Sie an den fraglichen Begriff denken. Zum Beispiel hat der russische Neurologe Alexander Lurija intensiv einen Journalisten untersucht, der ein wahres Gedächtniswunder war. Er konnte sich jedes Gespräch fast wörtlich merken und schrieb sich grundsätzlich niemals etwas auf. Er hieß *Schereschewski*. Wenn Sie sich jetzt eine Schere vorstellen, die ein wenig schief oder *scheps* ist, könnte es sein, dass Sie den Namen ziemlich lange behalten.

Jetzt werden Sie denken: das ist doch eine normale Eselsbrücke. Stimmt genau. Der Unterschied zwischen *Eselsbrücken* und *Assoziationstechnik* ist ziemlich schlicht – das eine klingt professionell, das andere verächtlich. Eselsbrücken funktionieren; sie sind selbst entworfene Hinweisreize und stützen das Gedächtnis deshalb ziemlich gut; sie dürfen ruhig ein wenig verquer sein.

Auch *Geschichten* sind Assoziationen. Sie reihen die Wörter gewissermaßen auf eine Kette, so dass sie gedächtnistechnisch zu einem einzigen Inhalt werden. Müssen Sie sich eine Menge Gegenstände merken, etwa eine Einkaufsliste, womöglich noch in einer festen Reihenfolge, dann tun Sie sich besonders leicht, wenn Sie aus den Einzelteilen eine Geschichte machen; schließlich bewahrt das Gedächtnis Geschichten von Natur aus besonders gut. Wollen Sie etwa Huhn, Käse, Eier, Brot, Wein, Kalbfleisch, Spinat, Kartoffeln und Eis kaufen, könnten Sie vielleicht die folgende Geschichte daraus machen: Ein Huhn stiehlt Käse und legt dann ein Ei, pickt weingetränkte Brotkrumen vom Boden und torkelt deshalb. Da gerät es zwischen die Beine eines Kalbes, das sich gerade über das Spinatbeet hermacht, statt den Kälber-Kartoffelbrei zu fressen. Das Kalb verletzt das Huhn so, dass man die Wunde mit Eis kühlen muss. – Zugegeben, die Geschichte ist etwas merkwürdig, aber das macht sie weniger verwechselbar. Wenn Sie diese Geschichtentechnik häufig trainieren, funktioniert sie immer besser.

Die sinnvollste Technik bei Zahlen ist, Zuordnungen zu bilden, die für Sie persönlich einen Sinn haben. So mag 26051978 normalerweise nicht so ganz einfach zu merken sein; wer allerdings am 26. Mai 1978 geboren ist, hat damit kein Problem. Die allgemeinste Gedächtnistechnik für Zahlen arbeitet mit Bildern: Jeder Zahl von 0 bis 100 entspricht ein festes Bild. Alle Bilder der gleichen Zehnerziffer beginnen mit (fast) dem gleichen Buchstaben. So beginnt die Zehnerreihe mit „t", die Dreißigerreihe mit „m", und da „bedeutet" 16 Tisch und 34 Meer. Gedächtniskünstler benutzen immer die gleichen 100 Bilder; Monsterzahlen merken sie sich, indem sie die Bilder zu hierarchischen Geschichten verknüpfen. Ganz einfach wäre etwa 1634, es könnte heißen: Ein Tisch steht im Meer, oder 3416: Das Meer schwappt über den Tisch. Diese Listen finden Sie in vielen Trainingsbüchern zum Gedächtnis.

Originell ist die Loci-Technik. *Loci* ist der Plural des lateinischen Wortes für Ort, *locus*. Man ordnet dabei bestimmten Orten auf einem Weg, in einem Haus oder auch am eigenen Körper jeweils einen Gegenstand zu. Quintilian beschreibt, wie es dazu kam: Der Dichter Simonides hatte als einziger ein Strafgericht der Götter Kastor und Pollux überlebt. Die hatten eine Halle zusammenfallen lassen, in der gerade ein großes Gastmahl abgehalten wurde. Die Gäste waren von den herabstürzenden Balken so zugerichtet, dass ihre Verwandten sie nicht mehr erkennen konnten. Das Unglück war aber so plötzlich geschehen, dass keiner hatte fliehen können und jeder tot an seinem eigenen Platz lag. Simonides nun erinnerte sich genau, wer wo gesessen hatte. So identifizierte er alle, und die Familien konnten ihre eigenen Toten begraben.

Alle Gedächtnistechniken funktionieren, wenn sie gut geübt sind. Das liegt daran, dass sie das Material mehrfach enkodieren, *chunking* ermöglichen, die Verarbeitung vertiefen und so die Speicher-Obergrenzen unterlaufen. Im Alltag sollten Sie vor allem keine Scheu vor den leicht anwendbaren Methoden haben, vor Eselsbrücken und Geschichten.

Externe Gedächtnishilfen

Für manches Material werden Sie allerdings weder Eselsbrücken finden noch Geschichten: wenn Sie sich vornehmen, etwas Bestimmtes zu tun. Das nennt man *prospektives* Gedächtnis. Möchte ich etwa morgen früh vom Schreibtisch aus zuerst bei meiner Friseurin anrufen, damit ich einen guten Termin bekomme, dann gibt es dazu keine Eselsbrücke und keine Geschichte. Dafür verwende ich heute einen Terminkalender. Früher knotete man das gestärkte Taschentuch.

All das sind *externe Gedächtnisstützen*. Die einen werden – wie Terminkalender – ohnehin ständig konsultiert und funktionieren deshalb sehr gut. So etwas wie der Knoten im Taschentuch wirkt, wenn wir auf jeden Fall darüber stolpern und es außerdem ziemlich ungewöhnlich ist. Finden wir etwa das geknotete Tuch am nächsten Morgen in der Hosentasche, dann ist das so merkwürdig, dass uns sofort wieder einfällt, aus welchem Anlass wir den Knoten gemacht haben. Gedächtnistechnisch verwandelt der Hinweisreiz *Taschentuch* einen abstrakten Plan plötzlich in eine *episodische* Erinnerung. Die behalten wir bekanntlich problemlos, und sie schließt automatisch ein, was uns zum Knoten veranlasste.

Auch regelmäßige Termine mit Ritualcharakter funktionieren als externe Gedächtnishilfen. Wenn Sie einen Hund haben, gehen Sie mit dem meist zu festgelegten Zeiten spazieren. Er wird trotzdem nur selten an der Haustür winseln, weil Sie ihn vergessen haben – Sie denken automatisch an den Ritualtermin.

Externe Hilfen unterstützen auch das räumliche Gedächtnis. Deponieren wir alle Dinge, die wir brauchen, an festen Orten, dann müssen wir uns nicht jeden Tag zehn Mal überlegen, wo heute die CD mit der Lieblingsmusik liegt, die Zeitung, das Geld, der Schlüssel oder – wenn Sie älter werden – die Lesebrille. Der Trick von Wohngemeinschaften, den aktuellen Parkplatz des gemeinsamen Autos mitzuteilen, kann auch sonst als externe Gedächtnisstütze dienen: ein Stadtplan der Umgebung mit bunter Stecknadel.

Für *eine* externe Hilfe, die heute alle Welt benutzt, hätte Quintilian nur ein müdes Lächeln übrig gehabt: Powerpoint. Kaum ein normaler Vortrag findet heute ohne Beamer oder Folien statt, obwohl fast niemand aus dem Publikum all die Graphiken und Bilder vollständig wahrnehmen kann. Ihr wichtigster Zweck ist aber ohnehin, den Vortragenden die Gliederung vorzugeben – eine externe Gedächtnisstütze par excellence. Und insofern genauso wirksam und genauso wenig ehrenrührig wie eine Eselsbrücke.

Gedächtnistraining

Wer die Techniken kennt und weiß, welche organisatorischen Möglichkeiten das Gedächtnis befördern, beherrscht sie noch nicht unbedingt. Deshalb bieten Volkshochschulen und andere Bildungsträger landauf, landab Gedächtnistrainings an. Dort macht man gemeinsam Übungen verschiedenster Art, mit Papier und Bleistift, Wörtern, Zahlen und Texten, aber auch Bauklötzen und anderen Gegenständen.

Viele dieser Trainings richten sich gezielt an Rentner, die Angst davor haben, dass sie sich irgendwann nichts mehr merken können. Das bekannteste hat Wolf Oswald mit seiner Erlanger Arbeitsgruppe zusammengestellt: das SIMA-Training (selbständig leben im Alter). Ziel dieses vielgestaltigen Trainings ist, die geistige Beweglichkeit zu erhalten statt sich in geistiger Untätigkeit damit abzufinden, dass alles schlechter wird – was ja ohnehin nicht ganz stimmt.

Einer der Bausteine ist ein Gedächtnistraining. Ältere Menschen profitieren nachweislich davon: Sie können sich danach nicht nur mehr merken als eine Kontrollgruppe, sie sind auch sonst geistig agiler, am meisten nach einer Mischung aus Gedächtnistraining und Gymnastik.

Auch Jüngere buchen live-Trainings oder arbeiten Trainingsbücher verschiedener Qualität durch, um im Job leistungsfähig zu sein. Viele Programme enthalten mehr Übungen für Konzentration und Aufmerksamkeit als direkt für das Gedächtnis. Das ist nicht falsch, weil unser Gedächtnis ohnehin viel leichter arbeitet, wenn wir konzentriert sind. Die Gedächtnisanteile der Programme setzen darauf, dass besonders effektives Enkodieren zur Routine werden kann. Diese können Sie allerdings auch mit Alltagsmethoden erreichen, etwa, indem Sie ordentlich die Zeitung lesen und sich den Hauptgedanken jedes Absatzes herausschreiben oder aktiv vergegenwärtigen, indem Sie Gedichte auswendig lernen oder seltener elektronische Notizbücher konsultieren. Der Vorteil der Programme: Sie sind systematisch, und deshalb fördern sie jede Routine gezielter.

Alle guten Programme vermitteln außerdem nachdrücklich, dass verbissenes Üben nichts nützt. Verkrampfung, einschließlich der bohrenden Frage, ob man „es" auch schaffen kann, hat meistens nur einen Effekt: Wir nehmen nicht gut auf und können auf Gespeichertes schlecht zugreifen. Insofern hängt die letzte Technik stark mit dem ersten Trick zusammen: Üben Sie Ruhe und Gelassenheit. Ob Sie dazu meditieren, Entspannungsübungen machen oder einfach spazieren gehen – alles wirkt, was Ihrem Naturell entspricht.

7. Nicht nur Alzheimer

Wenn das Gedächtnis objektiv gestört ist

Frau Schwarz[5] suchte im Gedächtniskurs nicht einfach Tricks. Sie suchte Klarheit. Anfang 50, etwas ernst, gepflegt und berufstätig, gehörte sie zu denen, die sich ärgern, dass sie ab und zu etwas vergessen. Viel besser sei ihr Gedächtnis früher gewesen, erzählte sie mir in der Pause, und deshalb mache sie sich große Sorgen, das sei jetzt womöglich der Anfang. Der Anfang wovon? Ja, sagte sie, und blickte zu Boden, eben von *Alzheimer*.

Das Wort ist die Metapher schlechthin für Ängste rund um das Gedächtnis. Anfang des 20. Jahrhunderts beschrieb der Münchner Psychiater Alois Alzheimer erstmals die Form der *Demenz*, die seitdem seinen Namen trägt. *Demenz – de-mentia,* von lat. *mens*, Geist: *Verlust des Geistes –* das bedeutet: die betroffene Person verliert geistige, *mentale* Fähigkeiten, die sie bisher hatte. Alzheimer-Patienten brauchen schließlich bei jeder Lebensfunktion Hilfe, und im Schnitt zehn Jahre nach der Diagnose sterben sie. Das Wort *Alzheimer* bündelt, was wir uns so denken rund um das „große Vergessen": was bei der Demenz geschieht, wie es

---

5 Der Name ist geändert.

mit dem demographischen Wandel aussieht und womöglich, wie unsere eigenen Eltern irgendwann barfuß durch den Schnee stapfen. Im Szenario ist nicht unbedingt enthalten, dass es uns selbst treffen könnte. Insofern ist Frau Schwarz nicht ganz typisch; viel mehr Menschen sorgen sich wegen ihrer Anverwandten als wegen sich selbst.

Eine degenerative Hirnerkrankung

Die Sorge um die Angehörigen ist berechtigt, zeigt sich doch die Alzheimerkrankheit zuerst am Gedächtnis: Die Betroffenen vergessen neue Namen und erkennen kürzlich besuchte Orte nicht mehr, was sie gestern gemacht haben, ist einfach verschwunden, und irgendwann auch, was vor einer Stunde war. Später verlieren sie ihre Erinnerung an die eigene Lebensgeschichte und erkennen ihre Angehörigen nicht mehr. Erst wissen sie nicht mehr, was im letzten Jahr passierte, dann frisst es sich nach rückwärts. Am längsten können sie sich an ihre Kindheit erinnern. Kurz: Alles, was zum semantischen Gedächtnis gehört, ist betroffen, und immer mehr vom episodischen – in einem gewissen Sinne verlieren die Betroffenen ihre Identität. Die Krankheit schleicht sich fast unbemerkt ein und übernimmt ganz allmählich das Kommando im Gehirn; weil dabei immens viele Nervenzellen absterben, heißt der Vorgang *degenerativ*.

Weniger stark beeinträchtigt ist das Gedächtnis bei einer Erkrankung, die *leichte kognitive Störung* heißt, mit der internationalen Abkürzung MCI, *mild cognitive impairment*. Drei

Millionen Menschen leiden in Deutschland unter MCI, das ist fast einer von 27. Jeder Zweite von ihnen hat ein paar Jahre später eine Demenz. Das sind nicht alles Alzheimer-Demenzen – darunter leidet momentan etwa eine Million Menschen im mittleren oder schweren Stadium. Knapp jede dritte Demenz hat andere Ursachen. Oft liegt es an kleinen Infarkten – dann heißen sie *vaskuläre Demenzen* –, bei zehn bis 15 Prozent an anderen Erkrankungen. Davon gibt es 50, unter anderem Huntington, Spätstadien von Parkinson, einige Formen der Multiplen Sklerose, AIDS oder Tumore. Manche sehen auch nur so aus wie Demenzen und verschwinden, wenn sie behandelt werden.

Bis heute weiß man nicht, wodurch die Alzheimerkrankheit letztlich ausgelöst wird. Nur bei wenigen Patienten ist es ausschließlich die Genetik, vor allem bei denen, die deutlich vor dem 60. Lebensjahr erkranken. Bei den anderen scheint ein ganzes Bündel von Ursachen dazu beizutragen. Tausende Wissenschaftler arbeiten weltweit daran, wenigstens herauszufinden, was genau im Hirn der Betroffenen geschieht. Das erste Ziel ist dabei, die Behandlung zu verbessern. Langfristig sollte sich zusätzlich herausschälen, was die Krankheit verursacht oder zumindest begünstigt; dann könnten wir wenigstens vorbeugen.

Eines, was man beschreiben kann – neben den schon lange bekannten *Plaques*, den *Amyloid*[6]-Ablagerungen –, hat be-

---

[6] Amyloid ist ein Stoff (genauer: ein Peptid), der sich bei Alzheimer-Kranken einfach im Hirn ablagert, statt wie normal abgebaut zu werden; ich gehe hier aber nicht weiter darauf ein.

reits jetzt die Behandlung revolutioniert. Es ist das *Acetyl-cholin*. Das ist einer der Überträgerstoffe, die für das dekla-rative Gedächtnis unerlässlich sind, Sie kennen es aus dem fünften Kapitel. Bei Alzheimer-Patienten ist zu wenig Ace-tylcholin im Hirn unterwegs: Sein Gegenspieler ist zu mäch-tig, die *Acetylcholinesterase*. Bei Gesunden halten sich die beiden die Waage, aber bei Alzheimer wird das Acetylcho-lin gewissermaßen aufgefressen. Dann ist vor allem im Hip-pocampus zu wenig davon vorhanden, sodass die Hippo-campus-Nervenzellen nicht alle Informationen weiterleiten können: Die deklarative Gedächtnisleistung sinkt. So wer-den die Synapsen der Zellen nicht mehr benutzt, die Den-driten schrumpfen und schließlich sterben die Zellen ab.

Im frühen und manchmal auch im mittleren Stadium kön-nen Medikamente die Acetylcholinesterase bremsen; da-durch ist wieder mehr Acetylcholin in den Nervenzellen verfügbar und die Gedächtnisaktivitäten können laufen. Diese Medikamente heißen *Antidementiva* und gelten mitt-lerweile als Standardversorgung. Die Patienten werden davon nicht gesund, aber sie bleiben länger selbständig. Antidementiva wirken etwa bei drei von vier Betroffenen, aber sie haben diverse Nebenwirkungen. Deshalb muss man mit sehr wenig anfangen und ausprobieren, wieviel die Patienten körperlich vertragen – und genau aus die-sem Grund sind sie nicht als Gedächtnispillen für Gesunde geeignet. Außerdem sind sie teuer. Deshalb verschreiben manche Ärzte lieber *Nootropica*, die ganz allgemein den Stoffwechsel im Hirn anregen. Dabei ist keineswegs si-cher belegt, ob die den Verlauf der Demenz beeinflussen können.

Dement oder depressiv?

Da sich die Alzheimer-Demenz wenigstens bremsen lässt, wenn sie im Frühstadium erkannt wird, ist eine rechtzeitige Diagnose wichtig. Auch die vaskulären Demenzen kann man behandeln, und zwar ganz ähnlich wie den Herzinfarkt. Die übrigen eindeutigen Gründe für Demenzen sind so selten und die Krankheiten aus anderen Gründen so charakteristisch, dass man sie meist nicht mit Alzheimer verwechselt bzw. ohnehin schon diagnostiziert hat, wenn die Gedächtnisstörungen auftreten.

Eine ganz andere Krankheit wird dagegen oft fälschlicherweise für Alzheimer im Frühstadium gehalten: die Depression. Die Berliner Professorin Elisabeth Steinhagen-Thiessen bezeichnet es als eine der wichtigsten ärztlichen Aufgaben bei alten Menschen, frühe Alzheimer-Demenz und Depression auseinanderzuhalten. Die Internistin und Stoffwechselexpertin an der Charité ist Vorsitzende der Bundesarbeitsgemeinschaft Klinisch-Geriatrischer Einrichtungen und leitet das Evangelische Geriatriezentrum Berlin. Sie weiß also, wovon sie redet. Sogar das Klinische Wörterbuch *Pschyrembel*, das Ärzte konsultieren, wenn sie etwas aus ihren Nachbarfächern wissen wollen, warnt beim Eintrag Alzheimer: Bitte Vorsicht. Könnte auch eine Depression sein.

Es klingt nur auf den ersten Blick weit hergeholt, dass man die beiden Erkrankungen verwechseln kann. Auf den zweiten Blick liegt es nahe. Die Volkskrankheit Depression ist viel mehr als trübe Stimmung, zumal im Alter. Sie hat viele

Aspekte, ja, viele Gesichter. Eine meiner Lieblingspatientinnen auf der Depressionsstation im Psychiatrischen Krankenhaus Haar sagte öfter zu mir, das Schlimmste sei nicht, dass sie regelrecht traurig sei; das sei schließlich jeder mal. Das Schlimmste sei, dass ihr das positive Ende der Gefühle abhanden gekommen sei. Ihre Kurzfassung war: „keine Freude". Meist gehören zur Depression noch schwere Schlafstörungen, Appetitlosigkeit, Energiemangel, geschrumpfte Interessen und – Gedächtnisstörungen.

Depressive nehmen ihre Gedächtnisstörungen wahr, sie empfinden sie sogar eher übertrieben stark. Alzheimer-Patienten dagegen neigen dazu, sie zu überspielen, viele tun lange so, als ob nichts wäre. Oft machen sich die Angehörigen viel früher Sorgen als die Betroffenen selbst, gehen zu Veranstaltungen und fragen nach. Für sich selbst nachfragen – das tun sehr viel häufiger Menschen, die depressiv sind. Ähnlich wie Frau Schwarz: Sie fürchtete Alzheimer, obwohl sie eigentlich zu jung dafür war.

Eine Depression kann man heute ziemlich gut behandeln, aber nicht mit Antidementiva. Es gibt sehr wirksame antidepressive Medikamente, und auch gute Verhaltenstherapeuten behandeln ältere Depressive sehr erfolgreich. Gelingt die Therapie, sind die Gedächtnisstörungen oft gleichzeitig mit verschwunden. Bestehen sie dann immer noch, könnte es beides gewesen sein. Insofern ist die Diagnose doppelt wichtig: leidet jemand unter einer Depression, einer Alzheimer-Demenz, unter beidem oder unter etwas ganz anderem?

Psychologische Tests der Merkfähigkeit

Nur – wie stellt man die Diagnose? Wo beginnen Gedächtnisstörungen, und was ist zwar ein bisschen schlecht, aber noch normal? Das ist die Stunde der Testpsychologie und der neuropsychologischen Testverfahren. Erst mit einem Testergebnis kann man einigermaßen objektiv einordnen, ob ein Mensch Gedächtnisstörungen eher fürchtet oder hat, und falls er welche hat, wie schwer sie sind; „Menschenkenntnis" genügt da nicht.

Es ist fraglos komplizierter, die Gedächtnisleistung eines Menschen einigermaßen nachvollziehbar zu messen, als etwa, wie groß jemand ist. Nicht umsonst dauerte es bis zu Hermann Ebbinghaus, bis man überhaupt in eine solche Messungs-Richtung dachte. Heute hat die Psychologie genauere Messverfahren für das Gedächtnis, und jeder dieser *Tests* hat viele Prüfdurchgänge hinter sich. Wie alle psychologischen Tests erfüllt ein Gedächtnistest mehrere Anforderungen: die Versuchspersonen sollten das gleiche Ergebnis erzielen, egal, wer sie testet und wer den Test auswertet; das ist die *Objektivität*. Er sollte möglichst genau messen, also bei einer Person nicht heute das und morgen das; das ist die *Zuverlässigkeit*. Und er sollte wirklich das aktuelle *Gedächtnis* erfassen; das ist die *Gültigkeit*. Wenn man also irgendein Spezialwissen abfragt, das manche haben und andere nicht, dann ist das alles Mögliche, aber kein Gedächtnistest.

Außerdem ist ein psychologischer Test *normiert*. Das heißt, man hat an vielen hundert Versuchspersonen festgestellt, was der Durchschnitt ist. Dann sind die Punkte so umgerechnet, dass ein Unterschied zwischen 9 und 10 etwa dem Unterschied zwischen 5 und 6 entspricht. Stellen Sie sich das Kurzzeitgedächtnis für *Wörter* vor, da greift die 7 +/- 2-Regel für gewöhnlich: Wer sich da 5 merken kann, ist gerade noch im normalen Bereich, 6 dagegen ist schon fast durchschnittlich. 9 ist extrem gut, aber um 10 zu erreichen, muss jemand schon sehr routiniert Gedächtnistechniken einsetzen. Ein Punkt Abstand oben ist also etwas völlig Anderes als unten. Manchmal hängt der umgerechnete Wert auch am Alter, etwa bei Intelligenztests. Bei einem normierten Test kann man direkt aus dem Testergebnis ablesen, wie stark eine getestete Person vom Durchschnitt abweicht.

Gedächtnistests prüfen Bilder, Wörter, Wortpaare oder Orte, man kann die Reize optisch oder akustisch vorgeben, sie testen reines Kurzzeitgedächtnis, Arbeitsgedächtnis oder mittlere Zeitspannen. Manchmal müssen die Probanden Inhalte frei wiedergeben, manchmal bekommen sie Hinweisreize, manchmal genügt Wiedererkennen. Die meisten üblichen Tests sind *deklarativ*, einige sogar zum autobiographischen Gedächtnis, aber es gibt auch einige, die *Priming* oder *prozedurales Gedächtnis* prüfen. Dazu gehört das Spiegelzeichnen; dort üben die Teilnehmer, Figuren abzuzeichnen; sie können dabei aber sowohl ihre Hand als auch die Zeichnung nur in einem Spiegel sehen.

Heute laufen viele Tests am Computer. Doch das allein gewährleistet keine Objektivität. Ein Testergebnis kann man nämlich nur vernünftig interpretieren, wenn die getestete

Person motiviert war und sich bemüht hat. Diese Energie können gerade Menschen, deren Gedächtnis beeinträchtigt ist, nur dann aufbringen, wenn sie direkt unterstützt und ermuntert werden. Deshalb ist es notwendig, dass ein Mensch ist der Nähe ist, der sie seelisch unterstützt, ihnen aber nicht direkt hilft.

Wer bei einem deklarativen Gedächtnistest im Durchschnitt liegt oder nur leicht darunter, hat in aller Regel keine Demenz. Deshalb können Tests häufig Zweifel beenden, und das wäre auch bei Frau Schwarz denkbar. Erst wenn sie einen Test gemacht hat, kann sie einordnen, wie gut oder schlecht ihr Gedächtnis wirklich ist. Sie erwartet viel von sich und ist ausgesprochen selbstkritisch; falls ihr Gedächtnis wirklich gestört ist, könnte es also gut sein, dass es eher an einer Depression liegt als an einer beginnenden Demenz. Es könnte aber auch sein, dass ihre Ansprüche in letzter Zeit höher geworden sind – so hoch, dass ihr normales Gedächtnis ihnen nicht mehr gewachsen ist. Auch das könnte man an einem Testergebnis direkt sehen.

Gedächtnistrainings bei degenerativen Erkrankungen

Nehmen wir an, das Gedächtnis der getesteten Person ist tatsächlich gestört, möglicherweise nur im Umfang einer *leichten kognitiven Störung* (MCI). Dann möchten die Betroffenen und ihre Angehörigen meist gerne mehr tun als Antidementiva einnehmen oder andere passende Medikamente. Deshalb fragen sie immer wieder: Könnte bei degenerativen Hirnerkrankungen wie Alzheimer Gedächtnistraining nützen? Ein beliebtes Schlagwort dabei ist *Gehirnjogging*.

Die Trainings, die ich im sechsten Kapitel erwähnt habe, enthalten Konzentrationsübungen, Gedächtnisspiele und regelrechte Mnemotechniken. Sie verlangen auch von Gesunden eine gewisse Anstrengung; wenn das Gedächtnis bereits deutlich beeinträchtigt ist, wird das noch sehr viel schwieriger. Außerdem fühlen sich Patienten schnell blamiert, wenn sie an offensichtlich leichten Aufgaben scheitern. Deshalb sind normale Gedächtnistrainings – auch SIMA – für Alzheimer-Patienten eher wenig geeignet.

Fast alle Wissenschaftler und Praktiker sind sich einig, was für Patienten mit beginnender Demenz am wichtigsten ist: *externe Gedächtnishilfen* kompetent benutzen lernen. Da werden Regale und Schränke beschriftet, überflüssige Utensilien aus der Wohnung verbannt und Fotos aller Anverwandten samt Namenszügen aufgehängt. Die Betreuer legen Checklisten für verschiedene Tätigkeiten an und die Patienten konsultieren sie. Und vor allem: Sie üben, Notizbücher kompetent zu benutzen. Barbara Wilson in England trainiert sogar systematisch, wie sie elektronische Notizbücher einsetzen können. All das geschieht rechtzeitig, solange die Beeinträchtigung leicht ist und die Antidementiva wirken. Danach sollte man in der Wohnung nichts mehr verändern. Dann können die Patienten in dieser Umgebung relativ lange zurechtkommen, zumindest wenn sie nicht zwischendurch ins Krankenhaus müssen. Das nämlich löscht häufig alle eingeübten Tricks nahezu aus.

8. Schöne Klänge

Hören und das Gedächtnis rund um die Musik

Wenn wir das Licht der Welt erblicken, kennen wir längst ihren Klang. Nur etwas gedämpft vom Fruchtwasser, erreicht er die Ohren schon vor der Geburt. Kaum auf der Welt, reagiert das Neugeborene auf Geräusche, Sprache und Musik. Doch nur verzögert beginnt es, Formen und Farben wahrzunehmen. Akustisch versorgt werden die Kinder in jeder Kultur gleich: Allüberall umgibt man sie mit Wiegenliedern, die sich ähnlich sind. Mütter und Väter singen, um das Kind glücklich zu machen und zu beruhigen. So lernen Menschenkinder von Geburt an die Musik ihrer Kultur kennen und genießen; schon bald lernen sie auch, sie auszuüben. Dahinter stecken Gedächtnisleistungen, die unmittelbar an unserem Hörsinn hängen. Der hat seine Eigenheiten.

Hören

Töne sind überall und der Hörsinn arbeitet auch im Schlaf. Wir können keinem Ton den Rücken zukehren und die Ohren höchstens technisch mit Ohrstöpseln verschließen. Die Töne landen zunächst im *auditorischen Kortex*, der

Hörrinde im Großhirn; das ist der obere, mittlere Teil des Schläfenlappens etwa hinter den Ohren.

Klänge sind physikalische Ereignisse, aber wir hören nicht genau das, was die physikalische Akustik beschreibt. Als ich nach meinem ersten Interview das Band abhörte, war ich verblüfft: Da hustete jemand laut, dort knallte eine Tür, und später klingelte ein Telefon; nichts davon war mir während der Aufnahme besonders aufgefallen. Das lag daran, dass unser Hörsystem selbsttätig die wichtigen Töne einer Szene herausfiltert. Dann enkodiert das Gedächtnis die gefilterte Information und leitet sie weiter.

Das Mikrophon dagegen nimmt physikalisch alles auf, was sich in seinem Frequenzspektrum ereignet, und in diesem Fall empfinden wir *objektiv* keineswegs als besonders *gut*. Schwerhörige kennen das. Auch Hörgeräte verstärken jeden Ton gleich. Da strengt es richtig an, Hintergrundgeräusche auszublenden, und einige fühlen sich davon so gestresst, dass sie ihr Gerät lieber in der Handtasche tragen statt im Ohr. Das erspart ihnen die tausend überflüssigen Töne, aber es blendet auch vieles aus, was sie eigentlich hören müssten. Ohne Hörgerät erkennen sie den Sinn des Gehörten oft nur mühsam und verarbeiten ihn damit langsamer. Dann können sie sich nachweislich akustische Information deutlich schlechter merken als normal Hörende – die Hörqualität verschlechtert indirekt das Gedächtnis.

Normalerweise filtert unser Hörsystem das Wesentliche aus dem heraus, was sich akustisch insgesamt ereignet, und gibt dem Unwesentlichen das Etikett *Hintergrundgeräusch*. Das Hirn reagiert erst, wenn etwas Neues auftaucht. Ist das Neue wichtig, wenden wir uns ihm sofort zu, falls nicht, bleiben wir bei der ursprünglichen Aufgabe. Ist das Neue mittelwichtig, teilen wir die Aufmerksamkeit. Die Teilung geht auf Kosten des Arbeitsgedächtnisses.

Der Hörsinn ist unerlässlich für vieles, allem voran für die gesamte Sprachentwicklung. In vielen Fällen kann man etwas tun, falls ein Kind schwerhörig oder gar taub ist, und das wirkt am ehesten, wenn das Kind noch klein ist. Man muss es nur rechtzeitig wissen; dafür sind Routineuntersuchungen da. Therapien retten dann nicht nur die Wahrnehmung, sondern auch Gedächtnis, Sprache und vieles andere.

Hintergrundmusik

„Mit Musik geht alles besser" – damit wird Hintergrundmusik gerne begründet. Agrargesellschaften leben es praktisch: Die Leute singen, wenn sie rudern oder spinnen oder – wie gelegentlich noch in Indien – in langen Reihen Reis einpflanzen. Das Singen gibt den Takt vor, beschwört die Gemeinsamkeit, hebt die Stimmung, und auch die Arbeit soll besser von der Hand gehen.

Die Dienstleistungsgesellschaft *lässt* singen oder musizieren, und da wird „Mit Musik geht alles besser" theoretisch. Vor der *Kulisse Musik* laufen Filme, wir gehen aus und kaufen ein, warten aufs Flugzeug oder trainieren im Fitness-

Studio. Andere Menschen arbeiten genau dort, müssen sich konzentrieren und sich diverse Dinge merken. Geht auch das besser? Ich frage öfter mal die eine oder andere Verkäuferin danach. Bisher haben praktisch alle gelacht und versichert, sie hörten das gar nicht. Das würde heißen: keinerlei Effekt.

Klaus-Ernst Behne, Professor für Musikpsychologie in Hannover, meint, dass die Leute inzwischen weitgehend an Hintergrundmusik *habituiert* sind; er hatte 153 wissenschaftliche Arbeiten durchgesehen und stellte fest, dass es von Jahrzehnt zu Jahrzehnt weniger wurde, was Hintergrundmusik bewirkte. *Habituation* gehört zum impliziten Gedächtnis. Sie greift, wenn an einem Sinnesorgan längere Zeit die gleichen Reize ankommen. Am häufigsten habituieren wir an Hintergrundgeräusche – *weißes Rauschen* – und Gerüche. Sind wir an etwas *habituiert*, nehmen wir es so wenig wahr, dass es keine Form des Gedächtnisses beeinträchtigt.

Andererseits beschallen sich viele freiwillig: Täglich gut zwei Stunden Radio und zehn Minuten Musik aus eigenen Konserven hören die Deutschen im Durchschnitt, während sie arbeiten. Die meisten versprechen sich davon bessere Stimmung und entspannteres Arbeiten. In kleinem Umfang hat die Wissenschaft diese Frage bearbeitet. Kürzlich gab Susan Hallam in London Zehn- bis Zwölfjährigen eine Rechen- und eine Gedächtnisaufgabe. Einige hatten Ruhe, einige hörten dabei entspannende und einige aufregende Musik. Die Kinder behielten Dinge besonders schlecht bei aufregender, aber gut bei entspannender Musik. Die Art der Ergebnisse und die Aussagen der Kinder legten den Autoren aber nahe, dass nicht Entspannung die Merkfähigkeit verbesserte, sondern die gute Stimmung.

Dass Musik direkt die deklarative Gedächtnisleistung *fördert* – nicht nur die prozedurale etwa für Tanzbewegungen –, konnte jedoch in den letzten zehn Jahren niemand belegen. Das Gegenteil schon. Zwar merken sich Menschen einfachere Inhalte wie Nachrichtenmeldungen mit Musik genauso gut wie in Ruhe, wie eine finnische Gruppe um Niklar Ravaja feststellte. Doch sonst pflegen Töne das Arbeitsgedächtnis zu verschlechtern. Es stört besonders, wenn jemand redet, weil wir unweigerlich auf den Inhalt achten, genauso wie auf jede andere Bedeutung. Da macht Musik keine Ausnahme.

Um einen Aufsatz zu schreiben, müssen wir ständig das Arbeitsgedächtnis benutzen und dort Informationen aus dem Langzeitgedächtnis neu zusammenfügen. Das leidet erheblich unter Hintergrundmusik – den Leuten fallen deutlich weniger Wörter ein. Selbst Lern-CD-Roms stellen den Nutzern mitunter ein Bein, wenn musikalische „Animation" unterlegt ist. Dort behindern Töne jeder Art zumindest bei einigen Leuten nachweislich den Lernerfolg, und Musik ganz besonders.

Wer also nicht an Hintergrundmusik habituiert ist, muss damit rechnen, dass sie das Arbeitsgedächtnis beeinträchtigt. Wer habituiert ist, hat aber auch nichts Positives davon. Wollen Sie also Ihrem Gedächtnis die Arbeit erleichtern, dann schalten Sie die Musik einfach ab. Es gibt eine

Ausnahme: Gespräche übertönen; die stören schließlich am allermeisten.

Verbessert Musizieren das Gedächtnis?

Wissenschaftlich ist es eine eher schlichte Frage, ob eine akustische Kulisse das Gedächtnis beeinflusst. Schwerer zu beantworten ist, ob das Gedächtnis reagiert, wenn Menschen gelegentlich oder häufig selbst *musizieren*. Da geht es um mehr als um Kulisse; da geht es darum, ob Musizieren *in der Struktur verändern* kann, was wir geistig leisten.

Praktisch alle Kinder singen ab einem Jahr mit der gleichen Begeisterung, wie sie sprechen lernen. Vielleicht trug das mit dazu bei, dass unsere Vorfahren Musik zu den kulturellen Werten rechneten, die sie den Kindern unbedingt weitergeben wollten. Heute scheint weder Kultur noch Freude zu genügen, um Musik im Kanon zu belassen. Wäre es anders, würden Schulbehörden nicht lässig den Musikunterricht kürzen, als handle es sich um Luxus für gute Zeiten.

Die „Zeiten" aber sind nicht gut. Ehe man die musikalische Erziehung völlig abschafft, sollte man trotzdem sinnvollerweise prüfen, ob man damit nicht positive Nebeneffekte über Bord wirft. Die waren unerheblich, solange Musik noch selbstverständlich war, und deshalb hat man sich lange nicht intensiv darum gekümmert. Einen Hinweis auf den Nebeneffekt *geistige Leistung* liefert die Pisa-Studie:

Der Würzburger Musikpädagoge Friedhelm Brusniak gibt zu bedenken, dass europäische Pisa-Sieger wie Schweden und Finnland eine besonders ausgeprägte Musikkultur haben.

Längst vor Pisa experimentierte man in der Schweiz zur Frage *Musik und geistige Leistung.* Seit zehn Jahren bietet etwa die Mädchen-Sekundarschule St. Katharina in Wil erweiterten Musikunterricht. Mehrere kleinere Studien hatten gezeigt, dass Musizieren Kinder nebenbei geistig trainiert, vor allem Gedächtnis und Konzentration, manchmal eher verbal, manchmal eher visuell. St. Katharina wandte das im Großen an.

Seitdem bekommt in jedem Jahrgang eine Klasse drei Musikstunden mehr als üblich. Die finden nicht nachmittags um fünf statt, sondern dann, wenn die Parallelklassen Rechnen und Englisch lernen. Tatsächlich mindert das die Kernfach-Leistung der Musikschülerinnen nicht im mindesten, sie sind genauso gut wie die Kolleginnen. Irgendetwas muss den fehlenden Unterricht kompensiert haben – entweder die Kinder lernen schneller, weil sie sich leichter tun mit Gedächtnis und Konzentration, oder sie studieren mehr selbst. Das zweite dürfte unwahrscheinlich sein. Schulleiter Christoph Domeisen gab dem St.-Galler Tagblatt stolz die echten Unterschiede zu Protokoll: In den Musikklassen geht es erheblich disziplinierter zu und die Mädchen sind motivierter. Solche Erfahrungen veranlassen immer mehr Schweizer Schulen, ihre Musikstunden zu verstärken.

Kürzlich prüfte Nikolaos Zafranas an 61 griechischen Kindergartenkindern direkt, wie sich Musizieren auf Gedächtnis auswirkt, und Glenn Schellenberg untersuchte dasselbe an 144 kanadischen Erstklässlern. Die griechischen Kinder lernten Klavier, die kanadischen entweder Klavier oder Singen; dort bekam eine dritte Gruppe Theaterunterricht. Ein Teil der Kinder in beiden Ländern musste jeweils ein Jahr warten.

Nach diesem ersten Jahr unterschieden sich die Gruppen nicht nur musikalisch, sondern unter anderem beim Gedächtnis. Die Kleinen mit Musikunterricht konnten sich räumliche Informationen besser merken als die anderen. Wer bei den Größeren Klavierspielen oder Singen lernte, übertraf die anderen – auch die Theaterkinder – nach einem Jahr sogar im mittleren Intelligenzquotienten (IQ). Der misst nebenbei verbales und Arbeitsgedächtnis. Egal, ob Singen oder Klavierspielen: Musizieren verbessert demnach mehrere Facetten des Gedächtnisses, und das liegt nicht am Künstlerischen an sich; Schauspielerei tut es nämlich nicht.

Das scheint kein Schub zu sein, der später verschwindet. Der Amerikaner Steven Moser untersuchte 120 Personen über 55, die regelmäßig zum eigenen Vergnügen musizieren. Er verglich sie mit Gleichaltrigen, die das nicht tun bzw. nicht können. Diese älteren Laien-Musiker schnitten bei üblichen deklarativen Gedächtnistests besser ab als gleichaltrige Nicht-Musiker, beim Wiedererkennen wie bei der freien Wiedergabe. Wer aktiv Musik ausübt, scheint sein Gedächtnis also langfristig so zu trainieren, dass es nachweisbar besser bleibt als das anderer Leute.

Mit dem Musizieren beginnen wir fast immer in der Kindheit. So schafft Musikunterricht offenbar deutlich mehr, als „nur" die Kinder zu erfreuen und ihnen zu einer angenehmen Form der Konzentration zu verhelfen. Er unterstützt das deklarative Gedächtnis, und das langfristig, womöglich lebenslang.

Gedächtnis für Musik

Musik entfaltet sich über die Zeit, und zwar als Ganzes. Eine Melodie entsteht erst, wenn verschiedene Töne rhythmisch und strukturiert aufeinander folgen. Um sie *als Musik* zu hören, müssen wir diese Struktur in der Zeit wahrnehmen. Dafür brauchen wir das Arbeitsgedächtnis. Fällt es aus, hören wir Einzeltöne, keine Musik. Petr Janata und seine Kollegen aus New Hampshire zeigten das gerade direkt in einer fMRI-Studie. Eine Probandengruppe lauschte typischen Stücken der europäischen Musik, eine andere wartete in Ruhe. Nur wenn die Leute konzentriert Musik hörten, waren typische Arbeitsgedächtnis-Orte im Hirn aktiv, und zwar links *und* rechts.

Das spricht nebenbei wieder einmal gegen die Uralt-Ideen aus den 70er-Jahren des 20. Jahrhunderts, Musikhören aktiviere vor allem die rechte Gehirnhälfte, die man damals auch noch fälschlicherweise als *die emotionale* bezeichnete. Seit langem ist klar, dass wir Musik nicht nur an verschiedenen Orten im Gehirn verarbeiten, sondern auch auf beiden Seiten gleichzeitig. Nur für die *Tonhöhe* ist vor allem der rechte auditorische Kortex zuständig.

Wenn wir eine bestimmte Melodie oder ein Stück wiedererkennen, ist das eine Leistung des Langzeitgedächtnisses,
vor allem des impliziten. Wir merken uns die musikalische
Struktur wie den roten Faden in einer Geschichte. Wir erkennen sie auch, wenn man sie schneller, höher oder auf
einem anderen Instrument spielt. Erst mit dieser struktu-
rellen Erinnerung können wir eine Interpretation beurtei-
len und genießen.

Musikalische Strukturen behalten wir schon ziemlich früh.
Hören Kinder im Alter von sieben oder acht Monaten nur
zwei Wochen lang einmal täglich kürzere Sequenzen aus
klassischen Musikstücken, dann erkennen sie die wieder;
das zeigten Arbeitsgruppen aus den USA mit Mozart und
Ravel. Noch zwei Wochen später hörten die Kinder zwar
neuen Stücken interessiert zu, wie alle anderen Kinder
auch. „Ihre" Stücke aber mochten sie besonders.

Dieses implizite Gedächtnis erweitert sich, je mehr Musik
wir kennen. Auf diese Weise entwickeln sich Experten. Experten urteilen sicherer als andere Leute und sie kennen
viel mehr Stücke. Das hat ihr Gedächtnis für Musik trainiert:
Sie merken sich auch neue Stücke besonders schnell. Aktive Musiker haben dabei einen Gedächtnisvorteil: Sie kennen mehr *cues*, sie kennen Namen und haben gleichzeitig
Klangvorstellungen von Intervallen, Akkorden, Tonarten
und Instrumenten. Damit kodieren sie die Musik zusätzlich explizit und das erleichtert die Erinnerung.

Ob professionell oder „nur" zur Freude – selbst singen
oder ein Instrument spielen, erfordert mehr als *eine* Ge-

dächtnis-Facette. Ausübende Musiker planen die Motorik und setzen sie korrekt prozedural um. Sie müssen die Noten blitzschnell erkennen, explizit zuordnen und ins Arbeitsgedächtnis einspeisen. Dort haben sie immer einige Takte vorrätig, indem sie jede Musiksequenz in Einheiten von *chunk*-Qualität einteilen. Die können mit der Übung ziemlich groß werden, besonders, wenn jemand ein Stück schon selbst gespielt hat. Außerdem hängt ihr Arbeitsgedächtnis mit dem prozeduralen Gedächtnis zusammen; die meisten Pianisten bewegen unwillkürlich die Finger mit, wenn sie Musik hören. Vielleicht orten sie auch deshalb das Gedächtnis für ihr Repertoire in den Händen.

Kinder merken sich Musik sehr gut, und sie erweitern ihr aktives Repertoire begierig, sobald sie mit etwa einem Jahr zu singen anfangen. Falls sie den Kinderliedern ihrer Kultur überhaupt begegnen – was heute nicht mehr ganz sicher ist –, haben sie mit fünf einen großen Teil davon im Langzeitgedächtnis gespeichert und können aktiv darauf zugreifen. Fangen sie früh an, ein Instrument zu spielen und werden später Profimusiker, wirkt sich das sogar auf die Hirnsubstanz aus: die *Prozeduren* der musikalischen Übung vergrößern im Hirn die Stelle, die im *motorischen Kortex* für den kleinen Finger zuständig ist; das zeigte eine Tübinger Arbeitsgruppe um Thomas Elbert und Niels Birbaumer. Es ist ein wichtiges Beispiel dafür, dass sich das Gehirn auch noch im Erwachsenenalter in seiner Struktur ändern kann – die *Plastizität*.

Musikalisches Gedächtnis hat noch an einer anderen Stelle Folgen: Es bahnt, welche Art Musik wir mögen. Schon die

genannten Kleinkinder kannten ihre Mozart- und Ravel-
stücke nicht nur, sie mochten sie auch besonders gerne. Ab
vier Jahren hören europäische und amerikanische Kinder
leichter abendländischer Musik zu, und mit sieben kennen sie die Struktur sicher; dann ergänzen sie ein vorge-
gebenes Melodiestück systematisch in europäischer Weise.
Welchen Musik*geschmack* wir dann innerhalb dieses Systems im Lauf unseres Lebens entwickeln, hängt nicht zuletzt davon ab, was wir hören. Wie weit oder wie eng das
letztlich ausfällt, ist ein Effekt dessen, was Kinder lernen,
wieviel ihrer – in diesem Fall unserer – Kultur sie kennen
lernen.

9. Gedanken austauschen

Von Muttersprache und Sprachenlernen

„Fertig ge-esst", sagt Vera und strahlt von einem Ohr zum anderen. „Fertig gegessen hast du? Hat's geschmeckt?" Die Dreijährige schaut ihre Mutter kurz an, atmet tief durch und nickt dann heftig: „Fertig gegessen. Hat gut geschmeckt." Während sie von ihrem Hochsitz herunterklettert, sagt sie noch einmal „gegessen" vor sich hin.

Genau so haben wir alle unsere Muttersprache gelernt, beiläufig-*inzidentell*. Wir übten ständig, probierten aus, was wir gehört und uns gemerkt hatten, und dann wurden wir nebenbei berichtigt. Eine Menge Gedächtnisstoff für kleine Köpfe: Hunderte, ja tausende Wörter haben wir uns angeeignet. Wir haben gelernt, wie Wörter einzeln klingen und wie im Satz, und wie Sätze überhaupt gebaut werden – und wir lernen lange weiter. Auch später machen wir nicht immer alles richtig, aber grundlegende Fehler unterlaufen uns nicht, wie „geesst" oder „der Katze", wie „Ich wünsche mir, dass du besuchst mich" oder „Ich fahre mit Auto". Wir bewegen uns in der Muttersprache automatisch, ohne Nachdenken und korrekt – zumindest solange wir sprechen und uns dabei nicht im Rampenlicht fühlen. Die Voraussetzungen: viel hören, viel erzählen, viele Antworten bekommen. Kinder, die schlecht hören, sind da extrem benachteiligt; dass Eltern darauf achten müssen, dass das Gehör regelmäßig überprüft wird, habe ich schon kurz im achten Kapitel angesprochen. Kann man die Schwerhörigkeit oder Taubheit nicht medizinisch behandeln, ermöglicht eine rechtzeitige Diagnose immerhin, dass das Kind frühzeitig die Gebärdensprache lernt.

Die Muttersprache lernen

Kinder lernen die Automatik der Sprache und einen gewissen Wortschatz, auch wenn der bei den einen umfangreicher ist, bei den anderen weniger. Lange glaubte man, die Muttersprache präge sich jenseits des normalen Gedächtnisses ein, und dafür gebe es eine *kritische Periode,* eine Art Zeitfenster. Das schließe sich spätestens zum siebten Geburtstag, und danach sei die Chance vorbei. Man stellte es sich ein bisschen vor wie die Graugänse des Konrad Lorenz. Bei denen entscheidet sich in der kurzen Zeit nach dem Schlüpfen, wen sie als Mutter betrachten – zur Not einen Menschen. Außerdem kannte man Kinder wie Kaspar Hauser, der nur rudimentär sprach, als er mit 16 in Nürnberg auftauchte. Gut lernte er nie sprechen, aber schreiben konnte er immerhin bald so gut, dass er Akten kopierte. Nach ihm heißt es *Kaspar-Hauser-Syndrom*, was die *wilden Kinder* haben, die anfangs ohne sprachlichen Kontakt zu Menschen aufwuchsen.

Erfreulicherweise ist die *kritische Periode* keineswegs so streng, und wir benötigen auch „nur" das ganz normale

Gedächtnis, um sprechen zu lernen. Auch Kinder wie Kaspar Hauser lernen es. Ihr Wortschatz kann normalen Umfang erreichen. Es fällt ihnen aber schwer, die Grammatik zu behalten, und den richtigen Klang der Sprache treffen sie womöglich nie.

Das hat damit zu tun, wie wir uns all das angeeignet haben, was eine Sprache ausmacht. Wörter und Grammatik gehören dazu, viel Kultur zwischen den Zeilen und die Melodien aus Satz, Wörtern und Lauten. So haben das Deutsche, das Türkische und das Französische ein „ü", viele andere Sprachen nicht. Nach der Geburt kann jedes Menschenkind dieses „ü" von anderen Vokalen unterscheiden. Ein halbes Jahr später erkennt es dann nur noch die Vokale, die in seiner Umgebung gesprochen werden. Bei japanischen Kindern gehören da auch die Laute „l" und „r" dazu; erst ab sechs Monaten werfen sie die in einen Topf, wie es die japanische Sprache tut. Japanische Erwachsene können deshalb schon mal „hören", ein Wanderer sei von der *Krippe* gestürzt oder eine Klasse habe das Jesuskind in der *Klippe* angeschaut. Spätestens mit einem Jahr kennen Kinder auch die „eigenen" Konsonanten; dann haben sie sämtliche Sprachlaute gespeichert, die in ihrer Welt vorkommen. Ihr Gedächtnis hat sie identifiziert und aufbewahrt, wie die Musik ihrer Kultur. Genau wie dort war es das implizite Gedächtnis. Beginnen die Kinder zu sprechen, brauchen sie „nur" noch ihre Stimme den Lauten anzupassen, die sie ohnehin im Kopf haben.

Die Grammatik besteht aus Regeln – zum Satzbau, zu Fällen, Beugung, Zeiten usw. Wir lernen sie wie das Gehen auf zwei Beinen: ausprobieren, hinfallen, aufstehen, etwas gezeigt bekommen, wieder ausprobieren – implizit-prozedural. Das geht langsam, aber so zuverlässig, dass es schließlich automatisch ist. Vera etwa kennt die Regel schon, dass aus *bauen gebaut* wird und aus *spielen gespielt*. Dass sie für *essen* nicht gilt, wissen Muttersprachler auswendig, erklären können es nicht alle. Da wir wissen, wo die Regel *nicht* greift, wenden wir sie in allen anderen Fällen automatisch an, zum Beispiel bei einem künstlichen Verb wie *merschen;* wenn wir entscheiden sollen, wie es bei *merschen* heißt, sagen praktisch alle *gemerscht*. Wir hantieren „nach Gefühl" und fast immer problemlos.

Das zeigt auch eine neurowissenschaftliche Studie von Anja Hahne und Angela Friederici aus Leipzig. Sie untersuchten, wie das Gehirn auf Sätze der folgenden Art reagiert: 1) Das Brot wurde *gegessen* 2) Der Vulkan wurde *gegessen.* 3) Das Eis wurde im *gegessen* 4) Das Türschloss wurde im *gegessen.* Muttersprachler taten alle außer 1) sofort und ohne Zögern als falsch ab. Japanische Studenten, die gut Deutsch konnten, dagegen brauchten länger, die Sätze als falsch zu erkennen. Ihr Hirn durchsuchte die kleinen Sätze danach, ob sie nicht doch einen Sinn enthalten könnten. Muttersprachler dagegen greifen auf etwas zu, was sie implizit gelernt haben.

Genau das wird ab sieben sehr schwierig, so weit stimmt die Idee mit den Zeitfenstern. So alt war *Nanga*, als sie in Korea gefunden wurde. Der belgische Forscher Yvan Lebrun untersuchte das Kaspar-Hauser-Kind intensiv. Anfangs sprach sie ein paar Brocken Koreanisch, dann wurde sie von einer belgischen Familie adoptiert. Dort sprach sie Französisch, machte Fehler und wurde korrigiert. Aber sie erlebte das nicht so, als falle sie hin. Nanga fragte *warum,* und dazu neigen Menschen ab diesem Alter. Damit verschob sich die Grammatik ins Explizit-Deklarative, wurde plötzlich „schwierig". Nanga konnte sie nur schwer automatisieren.

Wörter behielt sie dagegen leicht. Wörter speichern wir von vornherein deklarativ, vernetzen sie gedanklich mit anderen Wörtern und den zugehörigen *Konzepten.* So haben wir alle ein Konzept von *Baum* im Kopf – eine Art Bedeutungs-Puzzle. Das erweitert sich mit jedem neuen Baum, auch wenn wir erst mit 30 den ersten Orangenbaum sehen und mit 40 die erste Mangrove. Inzwischen weiß man sogar, dass Vera das Wort *gegessen* als eigenes Wort und deklarativ speichern wird, das dann zum Konzept *essen* gehört – die Hippocampuszellen feuern. Die Regeln für unregelmäßige Verben sind kompliziert und das Wort als Ganzes schneller verfügbar.

Dass wir Wörter explizit speichern und Grammatik implizit, bestätigt sich bei den *Aphasien,* den organischen Sprachstörungen, und bei *Alzheimer* und *Parkinson.* Alzheimer-Patienten vergessen anfangs alle neuen Wörter und später immer mehr altbekannte. Mit den verbleibenden Wörtern bilden sie aber korrekte Sätze, manchmal mit Ersatzwörtern wie *Dings.* Bei Parkinson-Patienten sind im Hirn vor allem die Basalganglien betroffen. Sie haben Schwierigkeiten mit gezielten Bewegungen und mit dem prozeduralen Gedächtnis allgemein. Beim Sprechen fallen ihnen meistens alle Wörter ein, nur korrekte Sätze formen sie daraus oft nicht.

Zweisprachig aufwachsen

Die Hälfte der Weltbevölkerung soll sich in mehr als einer Sprache verständigen können. Das reicht von ein paar Brocken bis zur perfekten Zweisprachigkeit, und einige lernen die zweite Sprache schon als kleine Kinder.

Die eine Variante wäre hierzulande so: Die Sprache der Mutter ist Deutsch, der Vater ist Franzose, Türke, Japaner oder Nigerianer. Oder umgekehrt, der Vater spricht Deutsch, die Mutter Thai, Englisch oder Chinesisch. Kinder aus solchen Familien lernen praktisch immer normal Deutsch. Spricht das nicht-deutsche Elternteil konsequent seine Sprache, dann lernen die Kinder zwei vollständige Systeme für Wortschatz, Grammatik, Lautklänge, Satzmelodie und Informelles. Oft beherrschen sie schließlich doch die deutsche Sprache besser. In der Schule ist sie ohnehin meist die einzige, so dass die zweite nicht geschliffen wird. Einige Kinder bevorzugen von sich aus die Sprache der Umgebung, bei anderen ist der nicht-deutsche Vater einfach zu selten daheim. Trotzdem sind sie klassisch zweisprachig.

Ellen Bialystok aus Ontario in Kanada forscht seit Jahren über Zweisprachigkeit bei Kindern. In ihrem Buch *Bilingualism in Development* hat sie das Wissen darüber gesichtet. Zweisprachige Kinder unterscheiden sich demnach von einsprachigen. Im Nachteil sind sie in zwei Punkten.

So wächst ihr Wortschatz in jeder Sprache etwas langsamer. Außerdem dauert es etwas länger, bis sie das gleiche Kommunikationsniveau erreichen, obwohl sie sich die Grammatik ganz parallel aneignen. Aber das ist nur eine Verzögerung; falls sie vollständig zweisprachig aufwachsen, holen sie die Einsprachler beider Gruppen irgendwann ein.

Die Vorteile dürften die Nachteile bei weitem überwiegen: so bearbeiten Zweisprachler nachweislich Aufgaben souveräner, die geteilte Aufmerksamkeit erfordern, und sie können Informationen besser hemmen bzw. ausblenden, die sie gerade nicht brauchen. Kurz: Sie können sich besser konzentrieren. Sollte Zweisprachigkeit der Königsweg sein, die Aufmerksamkeit zu trainieren?

Bialystok wollte wissen, ob die Vorteile lebenslang anhalten. Mit Kollegen untersuchte sie jüngere und ältere Erwachsene, alle mit B.A.-Abschluss und gleich wohlhabend. Jeweils die Hälfte war einsprachig und zweisprachig. Letztere lebten in Chennai/Madras und hatten seit dem 10. Lebensjahr täglich sowohl Englisch als auch das regionale Tamil gesprochen, wie es indische Akademiker oft tun. Die Zweisprachigen waren nicht nur aufmerksamer und flexibler als die gleichaltrigen kanadischen Einsprachigen. Ihr Arbeitsgedächtnis funktionierte auch besser, gerade bei den Älteren.

Echt Zweisprachige scheinen demnach geistig flexibler zu sein und es lebenslang zu bleiben. Bei uns gibt es eine spezielle Form Zweisprachiger, wenn auch immer seltener:

Dialektsprecher. Nicht nur Alemannisch weicht in Wortschatz, Phonologie und teilweise Grammatik vom Hochdeutschen so stark ab, dass Schweizerdeutsch im deutschen Fernsehen untertitelt wird, auch viele andere Dialekte. Bei uns in Bayern hat man schon diskutiert, auch Dialekt und damit Zweisprachigkeit könnte die Pisa-Ergebnisse mit beeinflusst haben. Immerhin sind auch 2005 wieder die Bundesländer besser, wo mehr Menschen Dialekt sprechen.

Eine Gruppe unserer Kinder könnte theoretisch gleiche Vorteile genießen: die Unterschicht-Migranten, die häufig türkischer Herkunft sind. Praktisch erleben sie das Gegenteil. In ihren Familien wird gar nicht Deutsch gesprochen und in ihrer übrigen Umgebung oft wenig. So wachsen sie nur tendenziell zweisprachig auf. Wenn sie in die Schule kommen, sprechen sie schlecht oder sehr schlecht Deutsch, und ihr Türkisch bleibt unausgebildet. Das hängt sie in der Schule ab, auch gefühlsmäßig, und katapultiert sie auf die Verliererschiene. Merkwürdigerweise erwartet unsere Gesellschaft, dass diese Kinder ungefähr so gut Deutsch können, als spräche ein Elternteil Deutsch. Es ist bekanntlich anders.

In den USA haben Schüler, die nicht fließend Englisch sprechen, ein verbrieftes Recht auf zusätzlichen Englisch-Unterricht. Er muss ihre sprachliche Benachteiligung ausgleichen, ohne dass anderer Schulstoff darunter leidet. Kenji Hakuta und seine Gruppe prüfte, was einige der professionell ausgearbeiteten Programme bei fast 2000 kalifornischen Einwandererkindern bewirkten: Nach fünf Jahren, einem Vorschuljahr und vier Grundschul-Klassen, sprachen neun von zehn dieser Kinder genauso gut Englisch wie Einheimische; zwei Jahre später hatten sie auch schriftlich aufgeholt. Es dauerte mehrere Jahre, aber es funktionierte bei fast allen. Das Fazit: Kinder *können* noch mit fünf Jahren gut eine zweite Sprache lernen, wenn sie ständig damit konfrontiert sind.

Auf hiesige Verhältnisse übertragen müssten wir demnach allen Kindern spätestens ab dem 5. Lebensjahr gezielt Deutsch beibringen, falls sie es nicht altersgemäß sprechen. Die Materialien sollten die Profis für Deutsch als Fremdsprache entwickeln und einsetzen. Da die Kinder in diesem Alter implizite Anteile noch implizit lernen, braucht man dafür sehr konsequente Programme, nur Pauken ist überflüssig. Nach Hakutas Ergebnissen wären übrigens diejenigen Kinder besonders erfolgreich, die trotzdem das Türkische pflegen, und deren Eltern den Sinn der Förderprogramme verstehen und sie wünschen. Diese Kinder würden echte Zweisprachler samt der kognitiven Vorteile. Die Verantwortung trügen alle Beteiligten. Vielleicht gibt es ja demnächst wirkliche Sprachtests für die 5-Jährigen. Es wäre ein guter Anfang, sie anschließend gezielt zu fördern.

Wie lehrt und lernt man weitere Sprachen?

Spätestens ab der Pubertät wird es anstrengender, uns eine Zweit- oder weitere Sprache anzueignen. Das Problem ist nicht der Wortschatz, sondern eben das, was Kinder noch implizit lernen können: Satzbau, Feinheiten und der Klang. Wie Nanga wollen wir eine Erklärung, doch die ist

zwangläufig explizit. Deshalb macht das Hirn einen Um-
weg über den Hippocampus, und auf diesem Weg kann
es Regeln nicht so schnell anwenden. Der Zweisprachig-
keits-Forscher Michel Paradis aus Kanada betont, dass sich
das erst ändert, wenn aus dem expliziten *Wissen* implizites *Können* wird. Dafür müssen wir sprechen üben, als
handle es sich um Sport – nachdem wir die explizite Erklärung kennen.

Welche Methode uns am erfolgreichsten eine neue Sprache erschließt, darüber kann man trefflich streiten und tut
es auch. Pauken gegen Berlitz, Suggestopädie gegen Inter-
kulturellen Ansatz, ganzheitlich gegen strenge Grammatik – alle haben ihre Anhänger. Erkenntnisse aus Psychologie und Neurowissenschaft nutzen nicht alle.

Einer, der es seit längerer Zeit tut, ist Hans Barkowski. Er
ist Mitglied des *Expertengremiums für Integrationssprach-
kurse* beim *Bundesamt für Migration und Flüchtlinge*
(Bamf) und hauptamtlich Professor für Deutsch als Fremdsprache (DaF) in Jena. Dort richtete er 2005 den Jahres-
kongress des DaF-Berufsverbandes aus. Doch bis er ein
Viertel der Kongresszeit für neurowissenschaftlich basierte
Sprachforschung reservieren durfte, musste er durchaus
einige Bedenken zerstreuen. Die Tagung überzeugte dann
auch die DaF-Skeptiker, zumal nicht nur sie Neues über
Lernen und Gehirn erfuhren, sondern auch die Psychologen Neues über die Sprache.

Die Auseinandersetzungen um die Fremdsprachen-Didak-
tik relativeren sich ein wenig, wenn man neueres Wissen

über Lernen und Gedächtnis für Sprache einbezieht. Rein über das Hören, ohne Erklärung, könnten wir zwar keine Fremdsprache lernen – dieses rein Implizite ist vorbei, weil wir bereits eine Sprache sprechen. „Aber man kann ihre Melodie so lernen," sagt Barkowski. „Und außerdem wissen wir, dass das prosodisch-musikalische Element beim Fremdsprachenlernen hoch unterstützend wirkt, auch beim Erwerb von grammatischen Regeln." Dafür würde Barkowski sogar wieder auf eine Methode zurückgreifen, die lange verpönt war – das Sprechen im Chor. Es sei nie zu spät, um eine neue Sprache zu lernen. „Ich würde sagen, dass ein Mensch, der schon zwei Fremdsprachen kann, vielleicht sogar zweisprachig aufgewachsen ist, wahrscheinlich sogar mit der Melodie wenig Probleme hat."

Da wir spätestens ab sieben nicht nur die Wörter, sondern auch alles andere erstmal deklarativ angehen, sollte die Didaktik das einkalkulieren. Erklären ist nötig, am Lernen geht kein Weg vorbei. Doch die Lehrenden sollten berücksichtigen, „dass man mit einem sehr reichen und weiten Angebot wahrscheinlich den besten Effekt erzielt. Dass man das Lernen emotional verankert, dass die Leute nicht nur hören, sehen und sprechen, sondern auch etwas machen oder anfassen. Dass man die soziale, die kognitive und die emotionale Ebene bedient – also eine sehr reiche Lernumgebung schafft." Das spricht dagegen, sich auf reines E-Learning zu verlassen, auf CD-Roms und Internet.

Und da wir unregelmäßige Formen auswendig speichern, „ist es nicht so sinnvoll, den Leuten zu zeigen, wie die alle gebildet werden. Es ist fast ein bisschen grotesk", lacht der

Professor, „jetzt erweist sich als Hirnverarbeitungsstrategie, was man früher ohnehin gemacht hat. Damals hat man gesagt: *Lerne die unregelmäßigen Formen wie eine extra Vokabel.* Genau das würde ich jetzt auch wieder empfehlen." Erklären – ausprobieren lassen – korrigieren.

Nichts ersetzt das Wörterlernen – inzidentell schnappen wir bei jeder Zweitsprache zu wenig auf, nicht einmal, wenn wir im Land sind wie die Migranten hier. Dafür eignen sich alle Lernmethoden des siebten Kapitels: Zettelkästen, gute *chunks* oder Ketten, Eselsbrücken wie Bilder, Reime oder andere Assoziationen, außerdem selbst erfundene Tricks. Es ist auch sehr gut, Wörter im Zusammenhang zu speichern – linguistisch als Konzept – also: *Das Licht brennt* oder *Das Feuer brennt.* Gedächtnispsychologisch hat das noch einen Vorteil: Wir erkennen viel schneller, was ein Verb bedeutet, wenn es in einem sinnvollen Satz steht. In Sätzen können wir auch neue Grammatik besser deklarativ behalten, besonders gut, wenn sie ganze Geschichten bilden. Doch dann müssen wir sprechen, auf Korrekturen hoffen und das Sprechen automatisieren – Schüler sowieso, Manager, die ihr Englisch verbessern, Globetrotter, die Chinesisch lernen, und Migranten, die sich hier verständigen und ihren Kindern ein integriertes Leben ermöglichen wollen.

10. Lernmaschinen?

Überfordert sind Kinderköpfe nicht so leicht

Er ist eine Art Riesenschlange mit einem großen Maul als Kopf: der Vakuumschlucker in dem Beatles-Film *Yellow Submarine*. Was immer ihm begegnet – es wird geschluckt. Am Schluss ist er alleine übrig, und das einzige, was er noch finden kann, ist sein eigener Schwanz. So verschluckt er sich schließlich selbst.

Der Vakuumschlucker fällt mir immer ein bei dem Wort, mit dem man heute gerne Kinder und ihr Gedächtnis beschreibt und sich dabei auf die Hirnforschung beruft: Lernmaschinen. Wie mit der Schlange sollten wir ein wenig vorsichtig sein mit diesem Bild. Es stimmt, wo es illustriert, dass kleine Kinder sich neue Wörter einverleiben, wo sie welche finden können. Es stimmt nicht, wo es Assoziationen zu einem Automaten hervorruft. Das Gedächtnis eines Kindes ist genauso wenig ein Computer wie das eines Erwachsenen, es speichert nicht blind eins zu eins. Auch Kinder merken sich nur, was sie wahrnehmen, nicht, was sie übersehen; und sie merken es sich so, wie sie es verstehen. Sie behalten es besser, wenn sie gut bei der Sache sind und wenn sie die Information tiefer und gründlicher verarbeiten. Ihr Gedächtnis leidet, wenn sie nicht gesund sind, und es verkümmert, wenn – wie vor Vakuumschluckers Ende – kaum etwas da ist, was sie aufnehmen könnten.

Natürlich „wohnt" auch das Kindergedächtnis im Hirn, und deshalb schadet es ihm besonders, wenn das Zentrale Nervensystem erkrankt. Weltweit betrachtet fallen besonders Hirn- oder Hirnhautentzündungen und Malaria ins Gewicht. Das menschliche Gehirn wächst ab der Geburt auf mindestens das Dreifache. Was sich dort beim Speichern und Abrufen abspielt, kann man nur *beobachten*, wenn man bildgebende Verfahren *und* gedächtnispsychologisches Handwerkszeug gleichzeitig einsetzt. Das ist bei Kindern schwierig, weil die Techniken der Bildgebung für die Teilnehmer nicht angenehm sind.

Sprechen und Gedächtnis im Kindergarten

Wenden wir uns also den Wissenschaftlern zu, die sich *psychologisch* mit dem Gedächtnis von Kindern befassen. Sie sind sich einig, dass die Arbeitsweise des Hirns aus dem hervorgeht, was Anlagen, physische Umwelt und Input gemeinsam ständig beisteuern. Letztlich bedeutet das *neuronale Plastizität* in der Entwicklung. Der Input ist stofflich – vor allem Nahrung – und geistig. Einiges holt sich das Kind aktiv selbst; das ist eine Form von Reifung. Dabei hat nicht jedes die gleichen Chancen. Sie sind besser, wo das Kind viel entdecken kann und Menschen seine Fragen beantworten. Sie sind schlechter in reizarmer Umgebung und ohne Ansprache. Anderes können nur die Erwachsenen den Kindern bieten, das ist gezielt und heißt

Erziehung. Die wissenschaftlichen Fragen sind: Wie entwickelt sich das Gedächtnis im Laufe der Kindheit und welche äußeren Faktoren beeinflussen es in welchem Alter?

Es liegt auf der Hand, dass ein Neugeborenes die Angebote der Umwelt anders aufnimmt und speichert als ein Schulkind. Einige Beispiele für Töne und Tonsequenzen kennen Sie aus den Kapiteln über Musik und Sprache. Schon dabei war klar: Die Kinder sind sehr neugierig auf Neues, und sie merken sich erstaunlich viel davon. Was sie behalten, ist ihnen nicht nur vertraut. Sie lieben es.

Wie sich das Gedächtnis in der Kindheit entwickelt, wird seit etwa 40 Jahren in vielerlei Varianten empirisch untersucht. Dabei hat man vieles hinter sich gelassen, was noch Jean Piaget vertrat, der Pionier der Kinderpsychologie. Heute weiß man: Kinder wiederholen neue Wörter, um sie zu behalten, Kindergartenkinder erfinden spontan Gedächtnistricks, vor allem Assoziationen mit Namen und Bildern, Dreijährige brauchen viele Hinweisreize, um sich an Situationen zu erinnern, Vorschulkinder schon erheblich weniger. Je älter die Kinder werden, umso mehr Details haben sie im Kopf über Ereignisse, die sie erlebt haben. Und in jedem Alter erinnern sie sich genauer an ein Ereignis, wenn sie zuvor etwas darüber erfahren: sie erinnern sich etwa an mehr Zootiere, wenn sie ein Zoobuch kennen.

Früher hat man meist verglichen, wieviel sich Kinder verschiedener Altersstufen merken. Dass sich das unterscheidet, könnte neben dem Alter auch noch andere Ursachen haben; es könnte auch ihre Umgebung sein, ihre Ernährung, das Fernsehprogramm dieser Generation oder sonst etwas. Heute untersucht man deshalb entweder die gleichen Kinder mehrmals mit einem Abstand von einem oder mehreren Jahren – so etwas nennt man *Längsschnittstudie*. Oder man verändert einzelne Faktoren und prüft dann intensiv, was das am Gedächtnis ändert.

Einer dieser Forscher ist Peter Ornstein aus den USA, und er interessiert sich dafür, was Gespräche ändern. Seine Arbeitsgruppe untersuchte Kinder zwischen drei und dreieinhalb und dann wieder zwischen viereinhalb und fünf. In beiden Fällen unternahmen die Forscher etwas Besonderes mit ihnen und ihren Müttern. Mit den Kleineren gingen sie zum Picknick und zur Vogelschau, mit den Größeren zu einer Ausgrabung oder einem Piraten-Abenteuer. Einen Tag später prüften sie, was die Kinder über das Picknick oder die Ausgrabung wussten, und drei Wochen später noch einmal.

Nun weiß man schon lange, dass diejenigen Kinder mehr erzählen, mit denen Erwachsene mehr sprechen. Deshalb schulte Ornsteins Gruppe die Hälfte der Mütter. Sie trainierten sie, so auf das Kind einzugehen, dass es mehr vom Geschehen wahrnehmen konnte. „Eingehen" hieß nicht, das Kind ständig mit Worten zu überschütten. Das hieß vor allem, *W-Fragen* zu stellen, das sind Fragen, die mit *was, wer, wie, warum, wo* oder *wann* beginnen. Diese geschulten Mütter fragten die Kinder während des Ereignisses gezielt danach, was alles geschieht, sprachen also *mit* ihnen darüber. Abends taten sie das noch einmal. Die anderen

Mütter verhielten sich wie immer. Am nächsten Tag erinnerten sich keineswegs alle Kinder an gleich viele Einzelheiten, und eine Woche später schon gar nicht. Mit Abstand am meisten wussten die, mit denen man gezielt gesprochen hatte. Hatten die Mütter nur kommentiert, dann half das sehr viel weniger.

Demnach beobachtet ein Kind genauer, wenn eine erwachsene Person mit ihm während eines Ereignisses intensiv darüber spricht. Es spricht dann mehr selbst, ist intensiver bei der Sache und versteht so das Geschehen besser. Dann kann es die ganze Aktion angemessener verschlüsseln und später leichter wiederfinden. Es vertieft sich weiter, wenn es später noch einmal danach gefragt wird und selbst erzählt. Das ist ganz ähnlich wie bei Erwachsenen – und ganz anders als bei Maschinen. Bis zu einem gewissen Grad können also Erwachsene das Gedächtnis des Kindes beeinflussen, je nachdem, wie sie auf es eingehen.

Auch die Sprache beeinflusst das Gedächtnis kleinerer Kinder unmittelbar: Sprechen sie differenzierter, können sie mehr ausdrücken und merken sich auch mehr. Sprechen sie sehr einfach, drücken sie weniger aus und merken sich weniger. Kinder mit reduzierter Sprache können sich also nicht nur schlechter mitteilen, sie können sich auch weniger merken. Dabei berichtete die die Frühpädagogin Lilian Fried von der Universität Dortmund kürzlich, bei mindestens einem von vier Kindergartenkindern in Deutschland sei die Sprachentwicklung verzögert. Das sind nicht alles Migrantenkinder; aber fast alle dürften sich weniger merken, als es von ihren Anlagen her möglich wäre.

Dem Gedächtnis ist es nicht egal, wie Schulstoff präsentiert wird

Kleine Kinder sind also keine reinen „Lernmaschinen". Sie enkodieren nicht wahllos, sondern sehr gezielt, und daran sind Erwachsene intensiv beteiligt. Was Kinder wiedergeben können, hat einerseits damit zu tun, wie sie wahrnehmen und enkodieren, andererseits damit, wie gut sie selbst sprechen. Das ändert sich nicht, wenn Kinder in die Schule kommen. Wären sie umfassende Lern"maschinen", würden sie sich den Schulstoff autonom aneignen und es käme lediglich darauf an, sie dabei nicht allzusehr zu behindern. So ist es aber nicht.

In der Schule brauchen die Kinder mehr als Gedächtnis, aber es ist die Grundlage: lesen, schreiben, rechnen, denken, verstehen, Prinzipien übertragen, Neues erfinden, kreativ sein – nichts davon funktioniert ohne Gedächtnis. Dabei ist vieles prozedural, wir lernen es nur, wenn wir es immer wieder üben: den Stift so halten, dass er tut, was wir wollen, flüssig oder gar schnell schreiben, malen, lesen ohne Buchstabieren, rechnen ohne Zählen; später algebraische Strukturen parat haben, die Struktur fremder Grammatiken ohne Nachdenken anwenden, nicht zuletzt die Maus bedienen und blind eine Computer-Tastatur. Kinder erledigen diese unerlässliche Übung nur dann, wenn sie es wollen; das zu befördern ist Aufgabe der Lehrkräfte.

Sie entscheiden auch, ob sie ihre Schüler in Sachen deklaratives Gedächtnis schon im Unterricht unterstützen oder behindern. Schließlich behalten auch Kinder jeden Stoff besser, der gedächtnisfreundlich aufbereitet ist. Das ist er, wenn er gut gegliedert ist und die Schüler das logische Gerüst überblicken können. Auch wenn er auf elektronischen Medien daherkommt, wird er von den Lehrern geliefert. Dass Lehrer selbst begeistert sind von dem Stoff, reicht nicht aus. Auch wer begeistert ist, kann Chaos verbreiten. Dann steckt das Chaos an statt der Begeisterung. Ganz jenseits aller Bildungseinrichtungen können Sie das bei Winzern auf der Weinprobe erleben. Begeistert sind alle. Doch einige erzählen so, dass nach der Weinprobe alle Gäste mehr über Wein wissen; bei anderen verlassen sie den Keller reichlich ratlos.

Es kann dem semantisch-deklarativen Gedächtnis nützen, wenn die Lehrerin den Sachkundeunterricht an einer Geschichte aufhängt – sie wirkt dann als episodischer Hinweisreiz. Wie bei Erwachsenen arbeitet das Gedächtnis besonders gut, wenn die Kinder Informationen selbständig und tiefer verarbeiten. Das setzt voraus, dass sie verständlich sind, und das heißt: sie knüpfen an dem an, was die Kinder schon wissen. Seit Jahren untersuchen die Berliner Psychologin Elsbeth Stern und ihre Arbeitsgruppe, wann Kinder gut verstehen, was man ihnen erklärt. Dabei geht es ihr eher um die Kognition – das ist der übergeordnete Begriff für Denken, Verstehen, Argumentieren und Schlüsseziehen. Doch die Basis dafür ist Wissen, und das beruht fraglos auf Gedächtnis.

Häufig arbeitet Stern mit Unterricht in Naturwissenschaften und Mathematik, aber die Ergebnisse sind übertragbar. So hat sie nachgewiesen, dass fast alle Kinder Mathematik verstehen und damit beherrschen können. Sie muss nur angemessen erklärt werden, und das kann schon mal das Gegenteil von „kindgerecht" sein. Ausgerechnet die schwächeren Kinder nämlich profitieren besonders von eher abstrakten Lehrmethoden.

So hatten drei zweite Klassen Addieren und Subtrahieren nach der üblichen Grundschuldidaktik gelernt, drei andere spielerisch mit Situationen aus ihrem Leben, etwa indem Kinder in den Schulbus ein- oder aus ihm aussteigen. In den übrigen drei Klassen hatten die Lehrkräfte gezeigt, wie man einen Zahlenstrahl und eine Hundertertafel zum Rechnen nutzt. Das ist eine genuin mathematische Methode, also bereits etwas vom Konkreten abstrahiert. Doch genau diese Klassen waren am Schluss die besten, ihre schwächeren Kinder waren besser als die schwächeren der anderen Klassen. Dort mussten die Kinder das vermeintlich Kindgerechte selbst auf abstraktere Situationen übertragen; das fiel ihnen schwer. Die „abstrakten" Klassen dagegen hatten genau das von vornherein gelernt. Der anspruchsvollere Mathematikunterricht hatte dazu geführt, dass alle Kinder das Material tiefer verarbeiteten und es so langfristig behielten.

Den Schülerkopf füttert guter Unterricht, keine schwammige Motivation und keine Lehrer-Begeisterung. Die Kinder werden von ihrem wachsenden Wissen motiviert und dann muss viel passieren, bis sie überfordert sind. Da liegen Jean Piaget und vor allem seine Nachfolger einfach falsch, die Anforderungen von den Kindern gerne fernhalten. Kinder sollten ein Anrecht darauf haben, Wissen auf einem Niveau kennen zu lernen, dass sie es verarbeiten können. Dann behalten sie es auch.

Doch selbst wenn Lehrer alles optimal präsentieren – es nützt nichts, wenn sie nicht den basalen biologischen Bedürfnissen der Kinder entsprechen. Die beinhalten Pausen, in denen es zumindest nötig ist, dass sich die Kinder kurz bewegen. Selbst im Erwachsenenalter verläuft unsere Leistungsfähigkeit nach Rhythmen, und da liegen mehrere übereinander. Der kürzeste dieser Rhythmen besteht aus Zyklen von etwa 90 Minuten – an denen sollten sich auch Schüler orientieren dürfen und eine Pause einlegen.[7]

Das Gedächtnis von Schülern fördern

Das eine ist, wie gut Kinder den Stoff verstehen und verarbeiten, ihn dann langfristig behalten und schließlich anwenden, wenn sie ihn brauchen. Das andere ist, dass sie keineswegs alles behalten, nachdem es ihnen inzidentell begegnete. Viele Prozeduren müssen sie üben, ehe sie automatisch funktionieren, und sich vieles Deklarative gezielt einprägen. Das ist der Zweck der Hausaufgaben; sobald sie etwas älter sind, brauchen sie dafür Strategien.

Schon die erste Pisa-Studie zeigte: Wer besser abschneidet, setzt häufig effektive Lerntechniken und -strategien ein. Das schaffen Jugendliche dann, wenn sie den Stoff selbst

---

[7] Näheres dazu in „Wach und fit"; die ausführlichere Geschichte der Rhythmenforschung finden Sie in: „Unsere Innere Uhr" (siehe Literaturliste).

einteilen und strukturieren lernen. Dafür müssen sie erkennen, was auswendig zu lernen ist, etwa Vokabeln, wo sie den roten Faden brauchen, etwa in Geschichte, und was sie mehr oder weniger üben müssen, etwa Mathematik oder Grammatik. Dann ergibt sich von selbst, dass sie sich auf eine Schulaufgabe in Mathematik oder Sprachen nicht sinnvoll vorbereiten, wenn sie Neues lernen, sondern wenn sie wiederholen. Sie nutzen dann Zettelkästen für Vokabeln, eigene Techniken für die Lernfächer, vor allem Anstreichen und das Herausschreiben von Wichtigem, und sie eignen sich eine Wiederholungstechnik an, die auf sie zugeschnitten ist. Am Abend vor einer Schulaufgabe zu lernen hat vor allem einen Effekt: Sie regen sich auf und schlafen schlechter. Das macht sie müde am nächsten Tag und beeinträchtigt, wie sie Gespeichertes abrufen können.

Kinder und Jugendliche können ihre Hausaufgaben nur in einer konzentrationsfördernden Umgebung sinnvoll erledigen. Dazu gehört, dass sie die Aufmerksamkeit nicht zu teilen brauchen. Manche Ratgeber zur Schule halten es für Geschmackssache, ob Musik läuft oder nicht, und verstehen sich dabei als liberal. Es stimmt nicht, wie Sie im Musik-Kapitel gesehen haben; Musik stört das Gedächtnis sogar, wenn sie Bestandteil von E-Learning-Material ist. Ein ausreichend großer, freier Arbeitstisch ist nötig und Ruhe sinnvoll. Das Gedächtnis kleinerer Kinder leidet schon messbar, wenn sie ständigem Verkehrslärm ausgesetzt sind.

Die weitesten Rahmenbedingungen stiften die Eltern, und das sind die gesundheitlichen. Jede Art von chronischer

Erkrankung beeinträchtigt die geistige Leistungsfähigkeit, also auch das Gedächtnis. Der amerikanische Intelligenzforscher Robert Sternberg hat das in Jamaica untersucht. Dort fand er, dass Kinder mit Wurminfektionen – die betreffen ein Sechstel der Menschheit – deutlich niedrigere Intelligenzquotienten (IQ) erreichten als vergleichbare gesunde Kinder. Es gibt keinen Grund anzunehmen, dass andere chronische Erkrankungen dem IQ und dem Gedächtnis weniger schaden, von akuten Beeinträchtigungen wie Schmerzen, Fieber oder Ängsten ganz zu schweigen, nicht zuletzt vom Hunger. Auch bei uns kommen Kinder ohne Frühstück in die Schule.

Noch eines spielt mit dabei, wie leistungsfähig Kinder sind: Schlaf. Schlaf*mangel* beeinträchtigt die Gesundheit so allgemein, dass sich die Kinder nicht normgerecht entwickeln. Direkt in Sachen Gedächtnis wirkt er auch bei Kindern in zwei Richtungen. Im Schlaf konsolidiert sich einerseits, was sie tagsüber gelernt haben. Andererseits können sie Informationen nur dann gut einspeichern und abrufen, wenn sie wach sind, und das heißt: ausgeschlafen. Dafür brauchen die meisten noch während der Pubertätsjahre leicht acht Stunden Schlaf. Da Schüler oft sehr früh aufstehen müssen, bleibt nur eins: rechtzeitig schlafen gehen. Viele tun das nicht von selbst. Eltern können es ihnen schmackhafter machen, indem sie eine Zeit der Ruhe, der Muße und der Gemeinsamkeit davorschalten. Noch wichtiger ist die Einstellung – Schlafen ist schön und niemals eine Strafe.

11. Im besten Alter

Lebenslang lernen ist keine Zauberei

Eine Krankenschwester, ein Anästhesist, mehrere Verwaltungsangestellte, eine Lehrerin: zwölf Personen sitzen in dem Seminarraum mit dem dunklen Teppich und sprechen darüber, was sie beruflich anders, intensiver oder gleich ganz neu machen könnten. Der Leiter dieser Fortbildung will die Leute nicht einfach fitter für den Job machen. Er fragt andersherum: Was ist der Sinn meiner Arbeit? Entspricht sie mir, muss ich etwas anders machen oder gar – etwas Anderes?

Dann berichtet er, welche Seminare er sonst noch anbietet. Eines soll ältere Menschen aufs Rentnerdasein einstimmen, damit sie in kein Loch fallen, wenn es soweit ist. Elf der zwölf Teilnehmer sind zwischen Ende 30 und Mitte 40. Brigitte, die zwölfte, ist 50. Wegen der Kinder hat sie ihr Medizinstudium abgebrochen und geht jetzt ins Büro. Dort fühlt sie sich unterfordert und möchte deshalb hier neue Ideen tanken. In der Pause spricht die 38-jährige Sandra[8] sie an. „Wäre für Sie eigentlich nicht das Altersseminar besser geeignet?" Brigitte bleibt die Luft weg. Sie hat noch 17 Jahre bis zur Rente, so viele wie von 18 bis 35.

---

[8] Der Name ist geändert.

Dabei beschäftigt nur jedes zweite deutsche Unternehmen Leute wie Brigitte. Wer über 50 Jahre ist, gilt beim Bundesinstitut für Berufsbildung (BIBB) als „ältere/r Mitarbeiter/in". 2004 befragte das BIBB mehr als 500 Betriebe in Deutschland nach der Weiterbildungspolitik; jeder zweite will seine „älteren" Beschäftigten gar nicht weiterbilden. Personalchefs und Unternehmensberater halten Menschen ab 45 für zu alt. Zu alt zum Denken, zu alt, um flexibel zu sein, zu alt für Neues, ja: zu alt für ein gutes Gedächtnis. Menschen wie Sandra denken nicht anders. Vage berufen sie sich auf die Wissenschaft. Eine Radiosendung von 2005 packte ihr Denken zum Gedächtnis in die Floskel vom „unausweichlichen Verfall".

Die echte Wissenschaft ist differenzierter. Für sie gehört 45 längst nicht zum Alter, und *Verfall* ordnet sie nicht dem Alter zu, sondern der Demenz. Sie belegte außerdem, dass heutige 60-Jährige etwa dasselbe leisten wie 50-Jährige in den 1950er-Jahren. Niemand hätte diese Protagonisten des Wirtschaftswunders als „zu alt" in Rente geschickt, und ganz folgerichtig sind heutige 60-Jährige zu fit für die Rente. Wären da nicht Personalchefs, Unternehmensberater und Kollegen wie Sandra.

Wie sich das Gedächtnis Erwachsener entwickelt

Was wir allgemein über das Gedächtnis wissen, beruht zu einem großen Teil auf Studien mit Studenten. Das liegt nicht zuletzt daran, dass man Versuchspersonen bezahlen muss. Psychologie-Studenten dagegen sind kostenlos. Oft müssen sie eine bestimmte Stundenzahl nachweisen, in denen sie Versuchsperson waren, um ihr Studium abschließen zu dürfen.

Merkwürdig wäre es schon, bliebe das Gedächtnis zeitlebens auf dem Niveau der Jugendlichen. Nichts liegt näher, als dass es sich verändert wie anderes auch. Deshalb begannen Gedächtnispsychologen dann doch, ältere Jahrgänge zu untersuchen. Meistens testen sie, was sich die Leute unter verschiedenen Bedingungen merken können, und vergleichen es mit Studenten. Ein solcher Vergleich zu einem festen Zeitpunkt ist eine *Querschnittsstudie*.

Tatsächlich schneiden dabei 60- oder 70-Jährige durchgängig schlechter ab als Studenten. Es ist weit weg von „Verfall", aber eindeutig. Bei der Gedächtnisspanne erreichen sie nicht die Werte der 20-Jährigen, sie bearbeiten etwas weniger Informationen im Arbeitsgedächtnis und geben weniger Wörter, Zahlen, Bilder oder Geschichten frei wieder. Näher an den Studenten liegen ihre Leistungen bei Aufgaben zum Wiedererkennen und beim inzidentellen Gedächtnis – etwa, wenn sie Wörter nach Inhalt sortieren und sie sich dabei unabsichtlich merken. Müssen sie ihre Aufmerksamkeit teilen, kostet es sie mehr Mühe als Jüngere, und wenn sie auswendig lernen, nutzen sie weniger Strategien; selbstverständlich behalten sie dann weniger Inhalte.

Diese Unterschiede liegen wohl am Lebensalter, aber nicht allein; höchstwahrscheinlich tragen noch andere Ursachen zu ihrem Ausmaß bei. So muss man damit rechnen, dass einige der Älteren an einer *leichten kognitiven Störung* leiden (MCI im siebten Kapitel). Das senkt den Schnitt dieser Altersgruppe und könnte die Altersunterschiede bei Gesunden übertreiben.

Andererseits hat der Neuseeländer James R. Flynn 1987 in der Intelligenz-Forschung etwas beschrieben, was inzwischen *Flynn-Effekt* heißt. In den Jahrzehnten seit dem 2. Weltkrieg erreichten junge Leute immer mehr Punkte bei Intelligenztests. Berechnet man IQ-Werte nach den Normen der 50-er-Jahre, dann lag schon 1987 der Durchschnitt je nach Land nicht mehr bei 100, wie der Test eigentlich normiert war, sondern zwischen 105 und 125. Die wichtigsten Ursachen dafür dürften in der Bildung liegen, in der Gesundheitsversorgung und in der Ernährung; schließlich senken schon Wurm-Erkrankungen reihenweise den IQ, wie Sternberg zeigte. Etwas Analoges könnte es für das Gedächtnis geben, zumal Gedächtnisleistungen oft direkt in IQ-Werte eingehen.

Schneiden dann bestimmte Generationen – statistisch: *Kohorten* – schlechter ab, kann man das nicht ausschließlich darauf zurückführen, dass sie relativ älter geworden sind, sondern auch darauf, wann sie absolut geboren wurden; das wäre ein *Kohorteneffekt*. Dann genügen Querschnittstudien nicht. Man bräuchte Längsschnittstudien, in denen feste Gruppen im Verlauf von 30 oder mehr Jahren immer wieder untersucht werden. In so einem „Längsschnitt" könnte man prüfen, wie sich Menschen im Erwachsenenalter entwickeln und in unserem Fall: ihr Gedächtnis. Paul Baltes, der langjährige Direktor des Berliner Max-Planck-

Instituts für Bildungsforschung, ist einer der wenigen, die seit den 1980er-Jahren Längsschnittstudien gemacht haben. Ein Thema dabei war lebenslanges Lernen.

Lebenslang lernen ist normal, doch das *Wie* ändert sich fließend. Für gewöhnlich, so Baltes, bringt jede Änderung teils Gewinne, teils Verluste, aber das sei halbwegs ausgewogen. So bestätigt sich in Längsschnittstudien vor allem, dass Menschen langsamer reagieren, wenn sie älter werden; es bestätigt sich auch, dass sie weniger Inhalte im Arbeitsgedächtnis gleichzeitig verarbeiten können. Das ist der Verlust, und er beginnt am Ende der Pubertät. Dafür haben Ältere über Jahre hinweg allgemeines Wissen angesammelt und spezielle Expertise gewonnen; damit können sie meist kompensieren, dass sie langsamer sind. Da ihr Wissens-Puzzle im Kopf bereits ziemlich groß ist, ergänzen sie es nur dort, wo sie es für richtig halten. Dafür brauchen sie weniger neue Steine als Jüngere, am wenigsten dort, wo sie bereits Experten sind. Es müssen nur die richtigen Steine an der richtigen Stelle landen. Das ist der Gewinn.

Tatsächlich trägt nicht nur das Alter dazu bei, dass Ältere schlechter abschneiden bei formalen Gedächtnistests. 2005 wollte der amerikanische Gedächtnisforscher Thomas Hess genauer wissen, was eine Rolle spielt, und überprüfte 235 empirische Arbeiten zum Thema. Er wurde sogar bei den üblichen Querschnittstudien fündig.

Ein Grund ist die sich selbst erfüllende Prophezeiung: Wer überzeugt ist, das Alter gehe mit Gedächtnisschwund einher, schneidet prompt besonders schlecht ab. Mehr merken können sich diejenigen Älteren, die bei besserer Gesundheit sind, sich geistig fit halten, weite Interessen pflegen oder sich körperlich betätigen.

Außerdem beeinflusst offenbar die lebenslange psychische Entwicklung, *wie* wir unser Gedächtnis einsetzen. Von der Geburt bis zum frühen Erwachsenenalter müssen wir möglichst viel von unserer eigenen Kultur kennen lernen und uns damit vertraut machen. Schon Goethe sagt im *Faust*: „Was du ererbt von deinen Vätern, erwirb es, um es zu besitzen." Viel Inhalt ist das, und da ist es evolutionär sinnvoll, dass wir uns leicht tun mit dem Gedächtnis und möglichst mühelos alle Tricks nutzen, die wir finden können. Es ist auch gut, dass wir uns so viel wie möglich merken *wollen*.

Genau diese Bewertung schwächt sich im Lauf des Lebens ab. 60-Jährige finden es nicht mehr sehr erstrebenswert, sich möglichst viel Masse einzuprägen. Je älter Menschen werden, umso mehr empfinden sie es stattdessen als ihre Aufgabe, ihr Wissen weiterzugeben. Damit erreichen sie objektive Testwerte, die nicht mehr ihre Leistungsobergrenze darstellen; das tun sie nur bei optimaler Motivation.

Cynthia Adams und Kollegen haben das 2002 sehr pfiffig untersucht. Sie ließen jüngere und ältere Frauen eine Geschichte lernen und baten sie danach um eine Inhaltsangabe. Wie üblich, berichteten die älteren Frauen weniger Details aus der Geschichte als die jüngeren. Daraus schließen Forscher normalerweise, sie hätten den Rest vergessen, ihr deklaratives Gedächtnis für Geschichten sei also schlechter als das der Jüngeren. Es ist aber wieder einmal nur die halbe Wahrheit. Bat man die Frauen nämlich, die Geschichte einem Kind zu erzählen, „wussten" sie plötzlich exakt so viele Einzelheiten wie die jüngeren. Sie hatten zuvor nichts vergessen, sondern nur mehr zusammengefasst. Wie „gut" sie Details wiedergaben, lag nicht am Gedächtnis an sich, sondern daran, *wem* sie die Geschichte erzählten. Den Wissenschaftlern gegenüber beschränkten sie sich auf das Wesentliche, für Kinder gab's das volle Programm. Sie aktivierten ihr Gedächtnis gemäß ihren eigenen Werten, nicht um zu zeigen, wieviel sie sich merkten.

Können wir vorbeugen?

Gedächtnistests prüfen immer, in welcher Zeit sich Menschen wieviel Neues aneignen können. Das wird im Alter etwas weniger, wenn es auch keineswegs dramatisch ist. Ob Menschen *altes Wissen* vergessen haben, prüfen keine normalen Gedächtnis-, sondern reine Demenztests. Erst die Demenz greift systematisch altes Wissen an. Außerdem meint *schlechteres Gedächtnis im Alter* wissenschaftlich nie das 45. Lebensjahr. Es bezieht sich auf die Zeit, in der Alterskrankheiten beginnen, also eher auf 70 als auf 60. Ein Teil der Statistik zum Gedächtnis im Alter dürfte sogar direkt auf Hirnerkrankungen zurückzuführen sein.

Ohne Hirnerkrankung können wir auch im hohen Alter noch aktiv vorbeugen. Das Nürnberger SIMA-Programm ist ein wohldurchdachtes und gut erforschtes Training; es nützt auch Leuten weit über 75, falls sie zu Trainingsbeginn gesund sind. Die Module sind individuell gemischt. Noch ein Jahr nach dem Training waren diejenigen geistig besonders fit, die teils körperlich trainiert, teils ein Gedächtnistraining durchlaufen hatten.

Ansonsten können wir langfristig vorbeugen; um damit zu beginnen, sind die Jahre mit der Vier im Zehner absolut geeignet. Nicht zuletzt Thomas Hess' Analysen können die Richtung zeigen. Schließlich erbringen nicht nur die Gesünderen bessere Gedächtnisleistungen als die anderen, sondern auch diejenigen, die körperlich und sozial aktiver sind. Es hilft also unserem späteren Gedächtnis, wenn wir uns rechtzeitig um diese Punkte kümmern.

Sehr viel früher beginnt, was lebenslang das Gedächtnis fördert und was Sie schon aus früheren Kapiteln kennen: Zweisprachigkeit und Musizieren. Wer musiziert oder regelmäßig mehr als eine Sprache benutzt, schneidet im Alter beim Arbeitsgedächtnis besser ab als Gleichaltrige, die weder das eine noch das andere tun. Zweisprachler wie Musiker nutzen ständig flexibel ihr Gedächtnis. Das scheint sich auch bei formalen Tests auszuzahlen, und zwar bis ins Alter.

Auch Menschen mit Expertise halten ihre Gedächtnisleistung länger auf dem Stand junger Erwachsener, Menschen, die spezielle Fertigkeiten ständig benutzen und ausbauen. So stehen Professoren kurz vor der Pensionierung ihren jüngeren Kollegen gedächtnistechnisch in nichts nach; besonders gut sind sie, wenn die Gedächtnisaufgabe viel Ähnlichkeit mit ihrem normalen Alltagsgeschäft hat – Texte lesen und die wesentlichen Inhalte wiedergeben. Expertise nützt demnach nicht nur beim Kompensieren, sie hält das Gedächtnis direkt auf Trab.

So ist es noch nicht einmal Zauberei, die Gedächtnisleistung bis ins Rentenalter zu erhalten. Im mittleren Alter dagegen ist es völlig normal.

Berufliche Weiterbildungen im mittleren Lebensalter

In einen Topf passen Menschen im mittleren Alter zwischen Mitte 40 und Mitte 60 trotzdem nicht, und in den gleichen wie Jüngere auch nicht. Schließlich schlägt am 60. oder 70. Geburtstag nichts plötzlich um. Biologisch wie unter der Perspektive der lebenslangen Entwicklung kann das nur auf eine Weise geschehen: allmählich.

Es beginnt bereits nach der Pubertät, doch davon merken wir selbst überhaupt nichts. Später fällt uns dann selbst einiges auf. 45-Jährige wollen nicht mehr allen zeigen, wie gut sie Dinge blind auswendig lernen können, lebenslanges Lernen hin oder her. Umgekehrt wird es mit steigendem Lebensalter wichtiger für das Gedächtnis, dass der Lernstoff gut strukturiert ist. Genau das erwarten Menschen im oft so genannten „besten Alter", die an einer Fortbildung teilnehmen. Gute Fortbildungen gehen direkt darauf ein, was diese Teilnehmer arbeiten und wissen, einschließlich Spezialwissen. Sie schließen genau daran an und beziehen es ein.

Diese Teilnehmer sind kritisch und werden leichter ungehalten, wenn man ihnen unbrauchbare Inhalte andient. Womöglich haben sie selbst schon überlegt und ausprobiert, wie sie Jüngeren ihr Wissen möglichst effektiv weitergeben können. Wenn sich dann etwa Arbeitslose in Zwangskursen passiv verhalten, sind sie womöglich weder unfähig noch unwillig. Es könnte sein, dass die Inhalte einfach lebensfremd sind. Wer dann im Sinn des BIBB schon „älter" ist und rebelliert, verhält sich dabei vielleicht einfach altersgemäß.

In den letzten Jahren hat die berufliche Weiterbildung allmählich die wissenschaftliche Grauzone verlassen, in der sie sich lange befand. Der Hintergrund scheint zu sein, dass Firmen neuerdings genauer wissen wollen, was ihnen wirklich nützt. Auch deshalb muss sich Weiterbildung daran orientieren, was Menschen wie lernen können – das ist Gedächtnispsychologie.

Die sagt: Je älter die Teilnehmer, umso präziser, umso strukturierter, umso lebensnäher muss der Inhalt sein, und umso näher an dem, was sie schon wissen und können. Nur eine solche Weiterbildung kann vorhandenes Wissen und vorhandene Erfahrungen so nutzen, dass der Kurs Firma und Mitarbeitern gleichermaßen zugute kommt. Er muss also genau auf die Teilnehmer zugeschnitten sein. Höherqualifizierte schneidern sich das selbst, durch Selbststudium. Sie stellen sich ihre Inhalte so zusammen, wie sie sie brauchen, und in genau der Struktur, mit der sie selbst am besten zurechtkommen. Das setzt voraus, dass man es seiner Lebtag gemacht hat – wie die Professoren.

Wer in der BIBB-Studie angab, auch über 50-Jährige weiterbilden zu wollen, dachte in drei von vier Fällen an Computerthemen. Nun sind die Computer-Programme, die man *intuitiv* nennt, meist nicht so aufgebaut, dass ein strukturierter Intellekt sich begeistert darauf stürzte. Es fehlt ihnen oft eine klare Struktur, ganz abgesehen von dem oft unsachgemäßen Deutsch. Jüngere lieben das, können aber selbst nur implizit damit arbeiten; wie das bei rein implizitem Können so ist, sind sie dann nicht imstande, explizit zu beschreiben, was sie genau tun. Dann wartet ein mittelaltes Gehirn auf strukturierte, explizite Information. Da es sie nicht bekommt, speichert es auch nichts. Das kann dazu führen, dass manch ein Chaos-Trainer am Schluss sagt, „Ältere" verstünden nichts und könnten sich nichts merken.

Ein bisschen anders ist es mit CD-Roms und Web-Angeboten. Bei diesen E-Learning-Methoden steckt extrem viel Know-How im Aufbau. Sie haben den Vorteil, dass man interaktiv damit arbeiten kann. Das ist vor allem gut für räumliches Lehrmaterial, etwa Anatomie in der Medizin. Sie sind aber völlig unpersönlich, rein visuell und dabei auf den Bildschirm beschränkt. Das ist gedächtnistechnisch ein Nachteil, weil es die Möglichkeiten einschränkt, die Inhalte reich zu enkodieren.

Welche Methode und welcher Inhalt auch immer: Menschen im mittleren Lebensalter, spöttisch gerne „das beste" genannt, haben keine Probleme mit dem Gedächtnis und können sehr viel von Fortbildungen profitieren. Die Organisatoren sollten nur einkalkulieren, dass sie es hier weniger als je zuvor mit „Lernmaschinen" zu tun haben. Ihre Gegenüber sind vielmehr höchst kritische Persönlichkeiten, die eine Menge wissen. Das wollen sie nicht verleugnen, sondern daran anschließen.

12. Glücklich ist, wer vergisst . . .
Epilog

Die Angebetete ziert sich – der Ehemann könnte Wind davon bekommen! Doch lange kann sie der Mischung aus Tenor und Champagner nicht widerstehen, die der verliebte Alfred auffährt. Schließlich singen beide im Duett: „Glücklich ist, wer vergisst, was doch nicht zu ändern ist." In der *Fledermaus* des Walzerkönigs Johann Strauss hat diese Sentenz einen leicht irrealen Einschlag, und doch kann man es real ganz ähnlich sehen. Die große Schauspielerin Ingrid Bergman jedenfalls soll immer darauf beharrt haben, der Mensch brauche zwei Dinge zum Glücklichsein: „Gute Gesundheit und ein schlechtes Gedächtnis."

Niemand wird das bestreiten, sobald es um psychische Traumen geht; *intrusive Erinnerungen* muss man loswerden, ehe so etwas wie Glück wieder beginnen kann. Und selbst bei ganz gewöhnlichen unangenehmen Situationen empfehlen wir Freunden kurzerhand: „Vergiss es" – *Sie* oder *Ihn* oder den Chef oder den Job. Trifft das Unabänderliche uns selbst, sehen wir allerdings, dass die Empfehlung ihre Tücken hat; vergessen ist gar nicht so einfach.

Alles Positive wollen wir ganz und gar nicht vergessen, sondern am liebsten getreulich bewahren – die schönen Erinnerungen des Lebens, unser Wissen und nicht zuletzt, was wir morgen erledigen wollen. Einiges davon ist irgendwann doch weg. Fällt uns das auf, stellen wir wütend oder resigniert fest: schon wieder. Wie von selbst formiert sich dann der Stoßseufzer *Immer vergess' ich alles (oder zumindest: das Falsche)*. Wir meinen damit deklarative Gedächtnisinhalte, schließlich vergessen wir Implizites ausgesprochen langsam. Doch der Seufzer spiegelt selbst diese Teilwirklichkeit nicht ganz korrekt wider. Viele Gedächtnisverluste sind nämlich relativ leicht zu verschmerzen, jedenfalls leichter als die Alternative: immer alles ganz exakt behalten.

Einer, der genau das konnte und damit berühmt wurde, war Solomon Schereschewski; vielleicht erinnern Sie sich an den Namen aus dem sechsten Kapitel. Der russische Journalist behielt jedes Gespräch, jede Information und jeden Auftrag seines Chefs nahezu wörtlich. Legte ihm der Neuropsychologe Alexander Lurija Wörterlisten vor, so gab er sie vollständig wieder, selbst wenn sie aus hundert Wörtern oder sinnlosen Silben bestanden. Normalerweise enkodierte er die Vorgaben blitzschnell über Assoziationen und Geschichten. Das lief so automatisch, dass er es kaum steuern konnte. Ständig war er damit beschäftigt, und im Gespräch soll er fast abwesend gewirkt haben – nicht gerade ein Verhalten, das einem die Herzen öffnet.

Über andere Nebeneffekte seines perfekten Gedächtnisses machte er sich selbst Sorgen: Er dachte so wörtlich, wie er speicherte. Deshalb verstand er nur schwer, wenn etwas übertragen gemeint war – etwa der Begriff „seine Worte *abwägen*". Oder er hatte gestern einen Menschen kennengelernt; dann hatte er ihn so im Kopf, wie er gestern war. Traf er ihn heute wieder – anders gekleidet oder besser gelaunt und entsprechend aussehend –, dann konnte Schereschewski glauben, gerade jemand Neues kennen zu lernen. Sein riesiges Gedächtnisarsenal war fest gefügt. Eine Erinnerung stand neben der anderen, es gab keine Verbindung zwischen ihnen und keine zum Jetzt. Da Gegenwart und Vergangenheit nichts miteinander zu tun hatten, lebte er letztlich nur in der Gegenwart.

Wir normalen Menschen wenden Mühe auf, um uns Vokabeln und einiges andere einzuprägen, und doch ist manches nicht von Dauer. Relativ mühelos erinnern wir uns nur an *Episoden*, die sich im Leben so ereignen, samt der beteiligten Figuren. Das geht deshalb so gut, weil wir einiges weglassen – es *vergessen* – und uns auf das Wesentliche beschränken. Denken wir dann im Alltag daran, verbinden wir es immer mit unserer jetzigen Situation. Manches davon ist ein wenig unscharf, und deshalb können uns dabei Fehler unterlaufen – dann haben wir etwas ergänzt, interpretiert oder eingeredet bekommen. Doch Unschärfe ermöglicht uns etwas, was Schereschewski nicht kannte: Phantasie und Kreativität.

So hätte Schereschewski nie fertiggebracht, was man sich von Carl Friedrich Gauß als Schüler erzählt: Eines Tages wollte der Lehrer eine Zeitlang seine Ruhe und stellte der Klasse deshalb eine scheinbar langwierige Aufgabe. Die

Kinder sollten alle Zahlen von 1 bis 100 zusammenzählen. Jemand wie Schereschewski hätte extrem schnell der Reihe nach gerechnet und damit exakt der Vorgabe entsprochen, die er gespeichert hatte. Der kleine Carl Friedrich war noch viel schneller, weil er die Vorgabe nicht wörtlich nahm. Er hatte das Ganze betrachtet und gesehen, dass 1+100 genau wie 2+99 jeweils 101 ergeben, und das 50 Mal; auf diese Weise brauchte er kaum zu rechnen, um zur Summe 5050 zu kommen. Das ist kreatives Denken, in diesem Fall mathematisches: Bekanntes neu zusammensetzen und höchstens ein wenig ergänzen, wesentliche Elemente kennen, aber nicht an der Vorgabe kleben.

Das ist auch die Grundlage der Kunst, etwa musikalischer Improvisation, vor allem bei der indischen Musik. Selbst Joanne K. Rowling nutzte in *Harry Potter* bekannte Elemente aus Hexen- und Internatsgeschichten und ergänzte sie etwas. Das kreative Ergebnis begeistert Millionen, weil die Dosierung so gut ist. Sie mischte Altes und Neues so, dass es weder langweilt noch verwirrt. *Eine* Voraussetzung für ihre Phantasie ist Wissen, also Gedächtnis. Die zweite: Rowling hat ihr Wissen nicht perfekt und unverrückbar gespeichert wie Schereschewski. Sie konnte einiges vergessen oder aktiv ignorieren. Damit ließ ihr Wissen – das semantische Gedächtnis – der Phantasie den Spielraum, den sie braucht. Selbst bei unser aller liebstem Kind folgt die Kreativität dieser künstlerischen Balance von Wissen und Vergessen, in diesem Fall die Kreativität der Designer: beim Auto. Anfangs sah jedes Auto aus wie eine Kutsche mit Motor; erst Schritt für Schritt wandelten sie sich zu ihren heutigen Formen.

Wörtlich bedeutet *vergessen* so viel wie: *etwas aus dem [geistigen] Besitz verlieren*. Das häufigste Alltags-*Vergessen* ist deshalb streng genommen gar keines: dass wir nicht wissen, wo wir den Schlüssel deponiert haben oder ein Werkzeug oder einen Beleg. Dann haben wir den Gegenstand meist abgelegt, ohne auch nur irgendwie auf den Ort zu achten. Diese Handlung hinterlässt höchstens eine flüchtige und beiläufige Gedächtnisspur, auf die wir kaum zugreifen können. Dem vorzubeugen ist einfach. Wir brauchen uns bloß angewöhnen, ein bisschen besser bei der Sache zu sein und nicht mehrere Dinge gleichzeitig zu erledigen.

Regelrecht vergessen haben könnten wir dagegen einen Besuch bei der Oma vor drei Jahren, alte PIN-Nummern oder eine ganze Menge französischer Vokabeln. All das war schon einmal im Langzeitgedächtnis. Wir haben es vergessen, weil wir nie darauf zugriffen, die längerfristige Konsolidierung störten oder uns zu viel anderes gemerkt haben oder merken wollten; das ist Interferenz. Wie Sie an der vergessenen PIN-Nummer sehen, ist das Vergessen mitunter ausgesprochen sinnvoll. In anderen Fällen wollen wir es lieber verhindern. Das geht, wenn wir wissen, wie unser Gedächtnis funktioniert und uns danach richten: konzentriert sein und überflüssige Interferenzen vermeiden, möglichst wenig multi-tasking, das Arbeitsgedächtnis ein wenig trainieren, Tricks anwenden, vielleicht sogar Mnemotechniken, und externe Gedächtnishilfen nutzen, wo sie sich eignen. Die wichtigsten Möglichkeiten dazu haben Sie in diesem Buch kennen gelernt. Sie vollständig perfektionieren macht aber, wie wir an Schereschewski sehen können, nicht glücklich. Das reine Gegenteil auch nicht, das zeigen Demenzkranke.

Eine Balance zwischen Behalten und Vergessen könnte sehr wohl unser Glück befördern: behalten, was wir wirklich brauchen, und eben nicht das *Falsche* vergessen, sondern das *Richtige*, nämlich Überflüssiges und Unangenehmes. Diese Balance erreichen wir nicht ganz von selbst. Aber wir könnten ein bisschen abschauen, was die tun, die zumindest in ihrer Arbeit eine gute Balance schaffen: die Künstler. Sie konzentrieren sich auf Teile ihrer Gedächtnisinhalte und bearbeiten sie so, dass sie sich neu zusammensetzen. Dabei ergeben sich neue Aspekte und damit neue Informationen. Die interferieren mit den vorhandenen Gedächtnisspuren und können sie sogar leicht verändern oder gar löschen.

Wenn also *Er* weg ist oder *Sie* – können wir dann das *Prinzip Künstler* anwenden? Wenn wir Erinnerungen so bearbeiten, dass sie sich anders zusammensetzen, dann könnte sich natürlich im Nachhinein Negatives finden, etwa, dass Er oder Sie auch Eigenschaften hat, mit denen wir nur schwer zurechtkommen. Es könnte aber auch Positives für die Zukunft daraus erwachsen – alte Freunde wieder kontaktieren, eigene Fähigkeiten neu entdecken, Interessen intensivieren, die innerhalb der Beziehung nicht zu leben waren. Oder ganz andere Dinge. All das Neue interferiert mit den kreisenden „Warum"-Fragen und mit den Gefühlen, die zwischen Verletztheit und Rache pendeln. Langfristig verändert es sie. Und letztlich sind sie es, die wir vergessen sollten, nicht die ganze Zeit der Beziehung, sonst müssten wir uns ja selbst zu stark in Frage stellen. Ein wenig üben müssen wir das natürlich, uns konzentrieren auf andere Dinge und uns genau dafür die Zeit nehmen – bis wir das Schlimmste vergessen oder anders eingebaut haben; das könnte das „Richtige" sein in Sachen Vergessen.

Literatur

Weiterführende Literatur

Diese Liste umfasst ausschließlich Bücher auf Deutsch, die im Buchhandel verfügbar sind.

Birbaumer, Niels, Schmidt, Robert F. (2003[5]): Biologische Psychologie. Springer: Berlin, Heidelberg.

Damasio, Antonio (2002): Ich fühle, also bin ich. Die Entschlüsselung des Bewusstseins. Ullstein Taschenbuch: Berlin.

Damasio, Antonio (2004): Decartes' Irrtum. Fühlen, Denken und das menschliche Gehirn. Ullstein Taschenbuch: Berlin.

Ebbinghaus, Hermann (1992, Nachdruck der Ausgabe von 1885): Über das Gedächtniß. Wissenschaftliche Buchgesellschaft: Darmstadt.

Jampert, Karin; Best, Petra; Guadatiello, Angela et al. (2005): Schlüsselkompetenz Sprache. Sprachliche Bildung und Förderung im Kindergarten – Konzepte, Projekte und Maßnahmen. Das Netz: Kiliansroda.

Kolb, Bryan, Whishaw, Ian Q. (1996?): Neuropsychologie. Spektrum: Heidelberg, Berlin, Oxford.

Kullmann, Heide-Marie; Seidel, Eva (2005?): Lernen und Gedächtnis im Erwachsenenalter. Bertelsmann: Bielefeld.

Lurija, Alexander (2001): Das Gehirn in Aktion. Rowohlt: Hamburg

Markowitsch, Hans-Joachim (2005[2]): Dem Gedächtnis auf der Spur. Vom Erinnern und Vergessen. Wissenschaftliche Buchgesellschaft: Darmstadt.

Metzig, Werner; Schuster, Martin (2005[7]): Lernen zu lernen. Lernstrategien wirkungsvoll einsetzen. Springer, Berlin, Heidelberg.

Oswald, Wolf (2005): SimA®-basic-Gedächtnistraining und Psycho-motorik. Geistig und körperlich fit zwischen 50 und 100. Hogrefe: Göttingen.

Moser, Rupert; Rusterholz, Peter (2003): Wir sind Erinnerung. Vorlesungsreihe Bern. Haupt: Bern

Rahn, Helmut (Hrsg. – 1995?): Marcus Fabius Quintilianus – Ausbildung des Redners, Zweiter Teil Buch VII–XII. Zweisprachige Ausgabe. Wissenschaftliche Buchgesellschaft: Darmstadt.

Schacter, Daniel L. (2005): Aussetzer. Wie wir vergessen und uns erinnern. Lübbe: Bergisch Gladbach.

Shenk, David (2005): Das Vergessen. Alzheimer – Porträt einer Epidemie. Europa: Leipzig.

Spitzer, Manfred (2002): Lernen. Hirnforschung und die Schule des Lebens. Springer, Berlin, Heidelberg.

Stern, Elsbeth; Grabner, Roland; Schumacher, Ralph (2005): Lehr-Lern-Forschung und Neurowissenschaften: Erwartungen, Befunde und Forschungsperspektiven. Bildungsreform Band 13, Hrsg. BMBF: Bonn, Berlin.

Stoffer, Thomas H.; Oerter, Rolf (2005): Musikpsychologie Bd. I und II. Enzyklopädie der Psychologie, Themenbereich D. Hogrefe: Göttingen.

Tadié, Jean Y., Tadié, Marc (2004?): Im Gedächtnispalast. Eine Kulturgeschichte des Denkens. Klett-Cotta: Stuttgart.

Weyerer, Siegfried (2005): Altersdemenz. GBB, Heft 28, Robert-Koch-Institut (Hrsg.): Berlin.

Zulley, Jürgen; Knab, Barbara (2005?): Wach und fit. Mehr Energie, Leistungsfähigkeit und Ausgeglichenheit. Herder Spektrum: Freiburg.

Zulley, Jürgen; Knab, Barbara (2005[6]): Die kleine Schlafschule. Wege zum guten Schlaf. Herder Spektrum: Freiburg.

Zulley, Jürgen; Knab, Barbara (2003, Taschenbuch-Ausgabe): Unsere Innere Uhr. Natürliche Rhythmen nutzen und der Non-Stop-Belastung entgehen. Herder Spektrum: Freiburg.

Wissenschaftliche Originalliteratur

Für diese Liste habe ich Literatur ausgewählt, die entweder zitiert oder aus anderen Gründen besonders wichtig oder grundlegend ist. Eine vollständigere Liste finden Sie auf http:/www.barbara-knab.de Abweichend von der üblichen wissenschaftlichen Zitierweise erscheinen die Autoren der *Bücher* mit vollem Vornamen; damit sind sie in Bibliotheken leichter zu finden.

Adams, C; Smith, MC; Nyquist, L; Perlmutter, M (1997): Adult age-group differences in recall for literal and and interpretive meanings of narrative text. Journal of Gerontology: Psychological Sciences, 52B: P187–P195.

Aerni, A; Traber, R; Hock, C et al. (2004): Low-dose cortisol for symptoms of posttraumatic stress disorder. American Journal of Psychiatry, 161: 1488–1490.

Baddeley, Alan D; Wilson, Barbara A; Watts, Fraser N (Eds) (1995): Handbook of Memory Disorders. Chichester, New York u. a.

Baddeley, Alan; Conway, Martin A.; Aggleton, John P. (Eds) (2002): Episodic Memory. New Directions in Research, Oxford, UK.

Baltes PB; Staudinger, U; Lindenberger, U (1999): Lifespan psychology: Theory and application to intellectual functioning. Annual Review of Psychology, 50: 471–507.

Banich, Marie; Mack, Molly (Eds) (2003): Mind, Brain, and Language. Multidisciplinary Perspectives. Mahwah, NJ, London.

Barkowski, H (2003): Wie der Mensch seine Sprache(n) erwirbt und was daraus für die Förderung des Fremdsprachenunterrichts zu lernen ist – eine Zwischenbilanz. Vortrag vor den DeutschlektorInnen italienischer Universitäten.

Barry, ES; Naus, MJ; Rehm, LP (2004): Depression and implicit memory: understanding mood congruent bias. Cognitive Therapy and Research, 28 (3): 387–414.

Behne, KE (1999): Zu einer Theorie der Wirkungslosigkeit von (Hintergrund-)Musik. Musikpsychologie, 14: 7–23.

Benjamin, RW; Hultsch, DF; Strauss, EH et al (2005): Inconsistency in reaction time across the life span. Neuropsychology, 19 (1): 88–96.

Bialystok, E; Klein, R; Craik, FIM; Viswanathan, M (2004): Bilingualism, aging, and cognitive control: evidence from the Simon Task. Psychology of Aging, 19 (2): 290–303.

Bialystok, Ellen (2001): Bilingualism in Development. Language, Literacy and Cognition. Cambridge, UK.

Born, J; Wagner, U (2004): Awareness in memory: being explicit about the role of sleep. Trends in Cognitive Sciences, 8 (6): 242–244.

Cartwright, RD (2004): The role of sleep in changing our minds: a psychologist's discussion of papers on memory reactivation and consolidation in sleep. Learning and Memory, 11: 660–663.

Cianciolo, Anna T; Sternberg, Robert J (2004): Intelligence: A Brief History. Malden, MA, Oxford, UK.

Cowan, N (2001): The magical number 4 in short-term memory: A reconsideration of mental storage capacity. Behavioral and Brain Sciences, 24 (1): 87–185.

Dudai, Y (2004): The neurobiology of consolidations, or, how stable is the engram? Annual Review of Psychology, 55: 51–86.

Ehlers, A; Hackmann, A; Michael, T (2004): Intrusive re-experiencing in post-traumatic stress disorder: Phenomenology, theory, and therapy. Memory, 12 (4): 403–415.

Finke, Kathrin (2000): Untersuchungen zu objektbasierten und räumlichen Arbeitsgedächtnisprozessen bei gesunden Probanden und Patienten mit erworbener Hirnschädigung. Diss., München/Berlin.

Flynn, JR (1987): Massive IQ gains in 14 nations: What IQ tests really measure. Psychological Bulletin, 101 (2): 171–191.

Fuchsberger, T; Padberg, F; Bürger, K et al. (2002): Antidementive Therapie der Alzheimer-Demenz. Hausarzt-Kolleg Neurologie Psychiatrie, Themenheft Alzheimer 1 -2002, 23–29.

Gais, S; Born, J (2004): Multiple processes strengthen memory during sleep. Psychologica Belgica, 44 (1/2): 105–120.

Hahne, A.; Friederici, AD (2001): Processing a second language: late learners' comprehension mechanisms as revealed by event-related brain potentials. Bilingualism: Language and Cognition, 4 (2): 123–141.

Hakuta, K (1999): The debate on bilingual education. Journal of Developmental & Behavioral Pediatrics, 20 (1): 36–37.

Hallam, S (2002):The effects of background music on primary school pupils' task performance. Educational Studies, 28 (2): 111–122.

Hayne, H (2004): Infant memory development: Implications for childhood amnesia. Developmental Review, 24: 33-73.

Hebb, Donald O (1949): Organisation of Behavior. New York.

Hess, TM (2005): Memory and aging in context. Psychological Bulletin, 131 (3): 383-406.

Howe, ML; Courage, ML; Shannon, CE (2003): When autobiographical memory begins. Developmental Review, 23, 471-494.

Jelicic, M; Merckelbach, H (2004): Traumatic stress, brain changes, and memory deficits. Journal of Nervous and Mental Disease, 192 (8): 548-553.

Kluwe, Rainer; Lüer, Gerd; Rösler, Frank (Eds.) (2003): Principles of Learning and Memory. Birkhäuser: Basel, Boston, Berlin.

Knab, B (2000): Effektivität und Anwendbarkeit neuropsychologischer Rehabilitationsverfahren. Rehabilitation, 39: 134-155.

Lebrun, Y (2002): Implicit competence and explicit knowledge. in: Fabbro, F (Ed): Advances in the Neurolinguistics of Bilingualism. Essays in honor of Michel Paradis Udine, pp. 299-313.

Levine, B (2004): Autobiographical memory and the self in time: brain lesion effects, functional neuroanatomy, and life span development. Brain and Cognition, 55: 54-68.

Levine, LJ; Pizarro, DA (2004): Emotion and memory research: a grumpy overview. Social Cognition, 22 (5): 530-554.

Mandler, G; Pearlstone, Z (1966): Free and constrained concept learning and subsequent recall. Journal of Verbal Learning and Verbal Bahavior, 5 (2): 126-131.

Markman, AB; Gentner, D (2001): Thinking. Annual Review of Psychology, 52: 223-247.

McMullen, E; Saffran, JR (2004): Music and language: a developmental comparison. Music Perception, 21 (3): 289-311.

Miller, GA (1956): The magical number seven, plus or minus two: some limits on our capacity for processing information. Psychological Review, 63: 81-97.

Müller, GE, Pilzecker, A (1900): Experimentelle Beiträge zur Lehre vom Gedächtnis. Zeitschrift für Experimentelle Psychologie, Ergänzungsband 1.

Naveh-Benjamin, M; Guez, J; Craik FIM; Kreuger, S (2005): Divided attention in younger and older adults: effects of strategy and relatedness on memory performance and secondary task costs. Journal of Experimental Psychology: Learning, Memory and Cognition, 31 (3): 520-537.

Ornstein, PA; Haden, CA; Hedrick, AM (2004): Learning to remember: social-communicative exchanges and the development of children's memory skills. Developmental Review, 24: 374-395.

Paradis, M (2000): Cerebral representations of bilingual concepts. Bilingualism: Language and Cognition, 3(1): 22-24.

Peretz, I; Zatorre, RJ (2005): Brain organization for music processing. Annual Review of Psychology, 56: 89-114.

Ransdell, S (2001): The effects of background music on word processed writing. Computers in Human Behavior, 17 (2): 141-148.

Roehrs, T; Burduvali, E; Bonahoom et al. (2003): Ethanol and sleep loss: a "dose" comparison of impairing effects. Sleep, 26 (8): 981-985.

Rolls, ET (2000): Memory systems in the brain. Annual Review of Psychology, 51: 599-630.

Salas, E; Cannon-Bowers, JA (2001): The science of training: a decade of progress. Annual Review of Psychology, 52: 472-499.

Schacter, DL; Norman, KA; Koutstaal, W (1998): The cognitive science of constructive memory. Annual Review of Psychology, 49: 289-318.

Scheithe, K (1996): Der Einfluss der hierarchischen Organisation des Reizmaterials auf das Vergessen: Hypermnesie und retroaktive Hemmung. Dissertation, Regensburg.

Schellenberg, GE (2004): Music lessons enhance IQ. Psychological Science, 15: 511-514

Schneider W; Sodian, B (1997): Memory storage development: lessons from longitudinal research. Developmental Review, 17 (4): 442-461

Scoville, WB; Milner, B (1957): Loss of recent memory after bilateral hippocampal lesions. Journal of Neurology, Neurosurgery and Psychiatry, 20: 11-21.

Shors, TJ (2004): Learning during stressful times. Learning and Memory, 11: 137-144

Skowronski, JJ; Walker, WR (2004): How describing autobiographical events can affect autobiographical memories. Social Cognition, 22 (5): 555-590

Stern, Elsbeth (1998): Die Entwicklung des mathematischen Verständnisses im Kindesalter. Pabst: Lengerich, Berlin u. a.

Stuss, DT; Levine, B (2002): Adult clinical neuropsychology: lessons

147

from studies of the frontal lobes. Annual Review of Psychology, 53: 401–433

Thompson, RF (2005): In search of memory traces. Annual Review of Psychology, 56: 1–23

Tulving, E (2002): Episodic memory: from mind to brain. Annual Review of Psychology, 53: 1–25

Tulving, Endel (Ed) (1999): Memory, Consciousness and the Brain. The Tallinn-Conference. Ann Arbor.

Ullman, MT (2001): The neural basis of lexicon and grammar in first and second language: the declarative/procedural model. Bilingualism: Language and Cognition, 4(1): 105–122.

Welzer, H; Markowitsch, HJ (2005): Towards a bio-psycho-social model of autobiographical memory. Memory, 13 (1): 63–78.

Wixted, JT (2004): The psychology and neuroscience of forgetting. Annual Review of Psychology, 55: 235–269.

Zafranas, N (2004): Piano keyboard training and the spatial-temporal development of young children attending kindergarten classes in Greece. Early Child Development & Care, 174 (2): 199–211.

Register

Aufgeweckt

Jürgen Zulley/Barbara Knab
Wach und fit
Mehr Energie, Leistungsfähigkeit und Ausgeglichenheit
160 Seiten, Paperback
ISBN 3-451-05409-4
„Alertness management", die Schule des Wachseins,
nutzt Erkenntnisse aus der Schlafforschung. Praktische Anregungen für alle, die tagsüber gern „voll
dabei" sind.

Jürgen Zulley/Barbara Knab
Unsere Innere Uhr
Natürliche Rhythmen nutzen und
der Non-Stop-Belastung entgehen
224 Seiten, Paperback
ISBN 3-451-05365-9
Wer die vielgerühmte Gebrauchsanweisung für unsere
Innere Uhr nutzt, lebt gesünder, ist leistungsfähiger
und erfolgreicher.

Jürgen Zulley/Barbara Knab
Die kleine Schlafschule
Wege zum guten Schlaf
160 Seiten, Paperback
ISBN 3-451-05259-8
Locker, praktisch und fundiert: Schlechter Schlaf hat
viele Gründe. Sie zu kennen, ist der Weg zu einer
guten Nacht.

HERDER

Lebensklug

Norbert Herschkowitz
Elinore Chapman
Herschkowitz
**Lebensklug
und kreativ**
Was unser Gehirn leistet,
wenn wir älter werden
192 Seiten,
geb. mit Schutzumschlag
ISBN 3-451-28654-8

Gut zu altern heißt: die äußeren Bedingungen dafür schaffen,
dass altersbedingte Verluste kompensiert und die spezifischen
Kompetenzen des Alters – etwa die besondere Fähigkeit zum
abwägenden Urteilen aus langjähriger Lebenserfahrung heraus –
bestmöglich genutzt werden können. Unsere Gesellschaft kann es
sich nicht länger leisten, auf das Wissen und Können der Älteren
zu verzichten. Perspektiven, Denkanstöße und Anregungen zur
Lebensgestaltung.

HERDER